阅读成就思想……

Read to Achieve

学习力系列

孩子是选手，父母是教练

如何有效培养孩子的自主学习习惯

[韩] 郑炯权 ◎著　金香希 ◎译
李明一

정형권의 학습코칭 다이어리

中国人民大学出版社
· 北京 ·

图书在版编目（CIP）数据

孩子是选手，父母是教练：如何有效培养孩子的自主学习习惯／（韩）郑炯权，李明一著；金香希译. --北京：中国人民大学出版社，2022.1
　　ISBN 978-7-300-30004-7

Ⅰ. ①孩… Ⅱ. ①郑… ②李… ③金… Ⅲ. ①学习方法－家庭教育 Ⅳ. ①G791②G78

中国版本图书馆CIP数据核字(2021)第220177号

孩子是选手，父母是教练：如何有效培养孩子的自主学习习惯
［韩］郑炯权
李明一　著
金香希　译
Haizi shi Xuanshou, Fumu shi Jiaolian: Ruhe Youxiao Peiyang Haizi de Zizhu Xuexi Xiguan

出版发行	中国人民大学出版社		
社　　址	北京中关村大街31号	邮政编码	100080
电　　话	010-62511242（总编室）		010-62511770（质管部）
	010-82501766（邮购部）		010-62514148（门市部）
	010-62515195（发行公司）		010-62515275（盗版举报）
网　　址	http://www.crup.com.cn		
经　　销	新华书店		
印　　刷	天津中印联印务有限公司		
规　　格	148mm×210mm　32开本	版　次	2022年1月第1版
印　　张	8.375　插页1	印　次	2022年1月第1次印刷
字　　数	181 000	定　价	59.00元

版权所有　　侵权必究　　印装差错　　负责调换

推荐序一

李亦菲
北京师范大学科学传播与教育研究中心副主任

长期以来，我国中小学生的课外时间都被大量的作业或课外培训所占据，很少有自主学习的余地，导致学生在学习、生活中缺乏主动性和创造力，严重制约了我国创新人才培养目标的充分实现和国家创新发展战略的顺利实施。

作为长期研究人类自适应学习（即自主学习）的心理机制，并深度参与我国基础教育课程改革、倡导学习方式变革的专业人士，我深知改变根深蒂固的传统教学方式所遇到的困难，以及需要付出的艰辛努力。

早在 10 年前，我就了解到李明一博士在促进中小学生自主学习方面的实践探索，并持续关注和支持他所做的工作。对于他 10 年来初心不变、坚持不懈的执着精神，我深感敬佩！

近来，"双减"政策的发布将使得学生的作业负担和校外培训负担显著减轻，为学生的自主学习留出了必要的空间。在这一新的教育形势下，如何指导和帮助学生自主开展个性化学习，实现健康成长、全面发展，已成为广大教师和家长关注的问题。

《孩子是选手，父母是教练》一书凝聚了李明一博士十几年探索的实践经验，为解决教师和家长的困惑提供了切实可行的指导。与社会上流行的各种记忆术、快速阅读等训练方法相比，本书强调要将学习的焦点从成绩上移开，转而从学生的人生梦想和生涯目标出发，引导他们理解学习的意义和原理，树立正确的学习动机、探索科学的学习方法、培养良好的学习习惯，并以此为基础，积极主动地投入学习活动中，实现学习能力和学业成绩的双提升。我认为，这种立足于人生梦想的自主学习指导方法能有效地激发学生的理想信念，并将学习动机、学习方法和学习习惯有机地结合起来，对于促进学生健康成长、全面发展具有重要的意义。

本书既有指导学生确定自己人生的梦想和目标的具体建议，也有指导学生预习、听讲、复习、时间管理、科学作息等系统的学习方法，还有丰富的实践案例，为想要在"双减"背景下寻求突破的教师和家长提供了切实可行的方法指导。

在我国大力推行素质教育、倡导终身学习的时代趋势下，学会自主学习是关乎孩子一生的大事。希望本书能够帮助教师和家长答疑解惑，提高孩子的自主学习能力，不仅获得满意的学业成绩，更为未来的幸福人生打下坚实的基础！

推荐序二

金海连
延边大学师范分院附属小学校长

2021年上半年,我校师生经历了一次难以忘怀的"自主学习之旅"。通过三个月的实践,我们亲身体验到自主学习给学生带来的变化和成长。

为促进中小学生健康成长、帮助家长解决按时接送学生的困难,进一步增强教育服务能力,教育部印发了《关于做好中小学生课后服务工作的指导意见》,对各地开展中小学生课后服务工作提出了具体要求,我校也一直在探索提高课后课质量的方法。

我在一次讲座上认识了李明一博士,在认识到自主学习的价值后,我确信这就是我校需要的课后课的创新模式。

经多次研讨、交流,我校于2021年3月8日正式启动了自主学习课后课项目,充分利用三点半课后时间,帮助学生养成基本的自主学习习惯,同时在校内培养一批合格的自主学习指导师,使得自主学习教育能够真正地在学校落地。

我们采取了"双师课堂"模式,主讲老师主要通过面授或视频直播的形式讲解自主学习课程内容,助教老师在课上负责与主讲老师配合开展教学及互动,观察和记录学生课堂表现,维持课堂秩序,在课后负责答疑、跟踪打卡、与家长沟通等工作。

主讲老师由李博士团队的导师担当,助教老师由我校班主任、学科老师担当,相互配合,帮助学生理解和学习自主学习的基本理念、方法,掌握有效的自主学习工具,落实到每日的学习和生活中。

项目启动时,先对参与项目的20名骨干教师进行了自主学习指导师培训。在过程中,针对学生进行了系统性的自主学习基础课程的培训。每个阶段八节课,每周一节主课,其他时间用于练习和巩固。另外,平均每六名学生安排一名指导老师进行跟踪督导工作。

结果是可喜的:参与项目的37名学生在学习动机、学习策略的应用及学业成就度方面都在一定程度上得到了提升,充分证明了自主学习课后课的价值。

参与本项目的学生都非常认同自主学习,纷纷表示:自主学习促进了自己学习能力的提升,让自己明白了为什么学习、如何制订计划并按照计划学习;通过学习课堂回放,提高了课堂专注能力;以后会坚持自主学习。

中国学生发展核心素养中指出的"学会学习"是最基本的、核心的要素,而自主学习习惯与能力的培养则是有效提升"学会学习"能力的根本途径,也是提高学生问题解决能力与创新能力的有效途径。

具备自主学习能力的学生可以自己制定目标和计划，懂得利用各种学习资源，能够与他人合作学习，拥有较高的自信心和自我责任感，能够自己管理学习的进度并进行自我总结和评价，提高了在校学习和课后自习的质量，加深了对所学内容的理解，提升了学业成就度。

在这个终身学习的时代，每个人都应该具备自主学习能力，而这一能力需要从小抓起。

我校通过一个学期的实践看到了素质教育带来的实实在在的成果，期待更多的学校能够在这本《孩子是选手，父母是教练》的帮助下，重视学生学习能力的培养，让教育返璞归真，让学生健康成长！

自序
走近自主学习

2021年7月24日，中央办公厅、国务院办公厅印发了《关于进一步减轻义务教育阶段学生作业负担和校外培训负担的意见》的通知，全面规范校外培训行为，同时积极推进校内的课后课服务。

有效减轻义务教育阶段学生过重作业负担和校外培训负担的政策，被称为"双减"政策。这一政策的推行，极大地减轻了学生的课外负担，但也让很多家长发愁，担心自己无法很好地辅导孩子，耽误了孩子的学习。其实，"授之以鱼，不如授之以渔"，与其有这样的担心，不如想办法提升孩子的学习能力，从而让他们学会更好地自主学习。

什么是"自主学习"

一提到"自主学习"，首先浮现在你脑海中的可能就是"自习"。假如一个学生每天放学回家后径直走进自己的房间自习，一学就是两个小时，也不玩手机，看似很有定力，但是成绩就是上不去，问题出在哪里呢？

可见，"自习"是指一个人学习，但对学习的过程和结果无法进行评估；相反，**自主学习则是一种有效的学习，讲究策略，注重过程和结果。**

请看小明和小芳的故事，他们都是六年级的学生。然后，请思考两个问题：（1）你觉得这两个学生有什么样的特点？（2）谁更像自主学习型的学生？

案例

小明的成绩在班里处于中等。他对几个科目的兴趣都不大，但是个"乖孩子"——上课能认真听讲，放学后也能按照老师和家长的要求按时完成作业。他的课外作业一般在家里完成，有时边看电视边做作业。在他完成作业后，通常是由爸爸来检查，他认为爸爸总能检查出一些错误。到了假期，往往是等到开学前一两周才连夜赶作业。对于是否要改善学习方法，他没有什么想法，也没有什么思路。

小芳这学期的数学考试成绩不理想。她准备利用寒假时间好好补补数学，争取在下学期能考入班级前五名。为了补习好数学，她利用寒假的前10天复习课本内容，后20天做数学习题集。每当她做了一部分习题后，她都会对照答案以检查自己是否做对、是否理解到位，并在笔记中记录了有难度的习题及其解答方法。遇到实在不会的习题，她会请同学或父母帮助自己分析解题的思路。寒假结束前,她回顾并总结了自己在这个寒假的补习成果,认为自己达到了预期的目的,收获很大。

让我们从自主学习的几个关键点切入,对小明和小芳进行对比分析(见表1)。

表1　　　　　　　　　小明与小芳的对比

	小明	小芳
学习动机	来自外部(他人的监督)	来自内部(想提高数学成绩的需求、要考入班级前五名的明确目标)
计划与时间管理	不做计划,临时抱佛脚	为寒假30天做了详细的计划
学习方法/策略	对于是否要改善学习方法,他没有什么想法,也没有什么思路	利用笔记等学习策略
利用资源	/	遇到问题时,向同学或父母寻求帮助
环境管理	边看电视边做作业	/
检查与总结	依靠他人(爸爸)来检查	进行自我检查和总结

可见,小芳是一个自主学习型学生。

通过上述案例,相信各位对自主学习已经有了一个粗略的概念。我们做一下小结。

第一,自主学习是一个比较完整的系统。具备自主学习能力的学生可以自主制定目标和计划，选择恰当的学习方法，懂得利用周边的学习资源，拥有较高的自信心和责任感，能自主管理学习的进度并进行自我总结和评价。

第二，自主学习不单是一个人学习。在学习过程中，学生可以向老师、父母、同学、自主学习指导师等寻求帮助，并借助教科书、习题集、网课、教育电视节目等资源。切记，**有效利用周边的资源也是一种能力。**

第三，自主学习要靠行动。自主学习习惯不是靠嘴而是靠行动练出来的。重复有助于养成习惯。就像亚里士多德所言："优秀不是一个行为，而是一种习惯。"养成习惯就是在特定的时刻完成特定的事情，但这并不是一件容易的事，因此需要父母和指导师的支持和帮助。

第四，自主学习是一个完整的系统，全方位地影响着学生的学习过程和结果。本书将努力呈现自主学习的全貌，帮助父母、老师、自主学习指导师以及有意成为自主学习指导师的人了解自主学习的整体系统，并通过分享案例的方式帮助大家更好地理解学习策略的每一个实施环节，为大家提供一面参照的镜子。

学习要有策略

何为"策略"？"策略"通常指计策、谋略。**有效的学习策略可以提高学生的学习效率和学业成就。**

策略有多重要呢？

先来思考一个问题：某学生需要在两个小时的晚自习时间复习

五个科目的内容，他需要如何安排这五个科目的内容的复习顺序？

我在很多学校讲课的时候，曾多次向学生和老师们问过同样的问题，基本上没有人能够准确回答。很多学生都回答说"先易后难"，让我很无语。

大部分人在上学时都跑过1500米。前面200~300米跑得非常轻松，健步如飞。随后，速度逐渐放慢，很长一段时间都是在咬牙坚持。即将到终点线时，我们会铆足了劲儿冲向终点。

那么，应该如何安排复习时间呢？

所有的时间管理、做计划的首要原则都是"**要事第一**"。

通常情况下，刚吃完饭休息一会儿之后，学生的精力是最充沛的，此时应该把当日学到的最难的内容安排在复习顺序中的第一位，也就是把最难啃的骨头放在首位。然后，把第二难的内容安排在最后一位，方便冲刺。其他内容安排在中间位置即可。

比如，这个学生需要复习数学、语文、历史、物理、政治这五个科目的内容。在这些科目中，数学是最难的，其次是政治。那么，他应该把复习数学排在首位，把政治排在末位，把其他三个科目（语文、历史、物理）排在中间位置上。

另外，你还需要考虑一个因素。我们试想一下，为什么游戏会吸引人呢？关键在于"过关"带来的成就感。在游戏中，每过一关，场景、故事线、人物、音效等都会发生改变（这被称为"交叉效果"），以不断地刺激玩家的好奇心。

试想一下，如果按照这种策略去安排晚自习时间，那么这个学生的学习效率是否会提高呢？

也就是说，将中间的三个科目按"文－理－文－理"交叉安排。即数学－语文－物理－历史－政治，这样是不是会让复习变得有趣多了？

对于这类简单的学习计划和时间管理方法，很多学生其实是没有概念的，包括很多父母和老师也不具备这样的专业意识。事实上，从制定目标和计划、激发内在的学习动力、提高课堂专注力、提高理解力和记忆力，到做好考试管理、管理学习环境等诸多环节都离不开有效的自主学习方法 / 策略。

本书结构

本书第 1 章将介绍自主学习的三个核心要素以及它们之间的关系；第 2 章将分析学习的良性循环；第 3 章将重点介绍如何激发学习动机；第 4 章将介绍如何打好学习基础；第 5 章将阐述通过培养阅读好习惯来提高学生的基础学习能力；第 6 章将阐述父母的角色和家庭教育的重要性；第 7 章将介绍如何成为自主学习指导师。

本书侧重于通俗易懂地传递自主学习的理念，让更多家长和学生受益，能够享受自主学习带来的乐趣和价值。本书将引用大量的实操案例来呈现自主学习指导师的工作流程、指导风格、沟通特点等，书中提到的指导案例是诸多指导师的个案的积累，是"全生涯"教育团队共同努力获得的成果。为了方便阅读，本书将指导师统称为"大李老师"或"大李"，这既代表着我们团队的集体智慧，也承载着指导师团队的使命和愿景。

本书配有《自主学习指导师指导手册》。该手册作为本书配套的工具书，将给专业的自主学习指导师以及有意成为自主学习指导师的教育工作者提供实操性的工具。

自主学习指导师的现状与未来

在中国，自主学习指导师还是一个尚未被大众所熟知的职业。自主学习指导师不同于传统的课外辅导和家教，也不同于心理咨询师，更不是那种只传授知识的老师。在帮助学生养成自主学习习惯、提高自主学习能力的过程中，自主学习指导师起到了不可替代的作用。

我们坚信，在不久的将来，会有更多的有志之士加入自主学习指导师的队伍中，在"双减"政策下让教育返璞归真，促进学生的全面发展，培养他们的核心素养。这不仅是为自己家的孩子，也为更多的学生提供专业的自主学习指导服务，成人达己、共同成长。

目　录

第 1 章　掌握自主学习的三个核心要素　// 001

第 2 章　构建学习的良性循环　// 013

　　　　听课：打好基础　// 017

　　　　预习：提高兴趣　// 023

　　　　复习：变为己有　// 026

第 3 章　激发学习动机　// 031

　　　　有梦想谁都了不起　// 037

　　　　如何实现梦想　// 039

　　　　要想学习好，就要找对理由和方法　// 055

第 4 章　打好学习基础　// 067

为什么要打好学习基础　// 070
如何打好学习基础　// 073

第 5 章　培养阅读好习惯　// 097

提高阅读能力之"五行"法　// 101
高效阅读教科书　// 110
打造一个俱读家庭　// 113

第 6 章　做教练型父母　// 121

何为教练型父母　// 124
如何正确地表扬和激励孩子　// 127
理解孩子的心　// 133
做孩子的"拆弹专家"　// 137

第 7 章　成为自主学习指导师　// 141

自主学习指导师的六重身份　// 145
重温自主学习　// 148
自主学习指导的五个阶段　// 151
写在最后　// 154

后　记　// 159

第 1 章

掌握自主学习的三个核心要素

- 孩子为什么没有学习动力?
- 孩子看起来已经很努力了,为什么成绩还是上不去?
- 孩子为什么很难将想法落实到行动上?
- 要不要给孩子报辅导班?什么样的辅导班更适合孩子?

第 1 章　掌握自主学习的三个核心要素

自主学习是一个系统性的工程，需要将动机、方法、管理这三个核心要素融合在一起并保持协调一致。 动机就是让学生懂得学习的理由，方法就是掌握有效的学习策略，管理就是对学习过程进行管理。可以说，有动机才能有驱动力，有方法才能提高效率，有管理才能坚持行动。

案例

小斌，男生，刚上初三。他很热爱足球，一直想当职业足球运动员。

小斌在球场上的英姿与他学习时的状态截然不同——球场上，他精神抖擞；课桌前，他昏昏欲睡。整个初中阶段，小斌都狂爱足球，一旦学习就处于游离状态。

然而，最近他突然意识到有了紧迫感：成为职业足球运动员并非易事，如果这条路走不通，他该何去何从？马上就要中考了，自己能否考上高中呢？

小斌的爸爸在国外工作，妈妈在教育孩子方面也存在一些不足。小斌不太愿意和妈妈多交流，也听不进妈妈的劝导，内心痛苦，但还是我行我素。于是，妈妈带着小斌来找大李。

大李问："听说你喜欢足球？"

小斌答："是的。"

大李说："我也很喜欢足球。记得小时候家里比较穷，只有一台小黑白电视机。1986 年墨西哥世界杯足球赛举行的时候，我经

003

常和父亲在凌晨看直播，有时信号不好，我就爬上房顶调整天线。你可能都没听说过看电视还要靠天线吧，哈哈。不过，现在回忆起当年的情景，仍然觉得很美好。一转眼，我儿子都上高二了，他也非常喜欢看足球，我们俩都很喜欢梅西。"

在大李与小斌通过共同爱好建立起联结后，小斌显得放松了一些。大李继续问："那么，你是把足球当作一种兴趣爱好，还是有什么其他的想法？"

小斌说："我一直想当职业足球运动员。"即使说到理想，小斌也仍像平常那样低着头低声说话，既显得没什么自信，又显得不愿意和生人打交道，或者说不善于表达自己的意见。

"你觉得你在这方面有天赋吗？"

"我觉得我踢得还可以，我是校队的运动员。"小斌抬头看了眼大李。

大李说："将踢足球作为兴趣爱好和作为职业，还是有很大的区别的，这一点你认同吗？"

小斌点点头。

大李："对于你有没有踢球的天赋，除了你自己的判断，有没有问过其他人对你的评价？"

"没有。"

大李："如果找一两位专家，比如足球教练或是体校的老师，为你做一个全面的评估，是不是会对你有帮助？"

小斌："会的。"

大李："小斌，你有没有想过，万一专家给你做了评估之后，发现你没有足够的天赋，你会怎么办？"

小斌:"学习呗!其实,我感觉我当不了职业足球运动员。"这是小斌第一次对大李说出了一句比较完整的话。小斌早已意识到走职业运动员这条路有点不太现实,但心里又放不下。如果继续深入探索,就可以看出其实最关键的问题在于,小斌不知道除了足球,他还能干些什么。

大李:"哦?你怎么会有这种想法呢?"

小斌沉默。大李也沉默,他想给小斌留一些思考的时间。

过了一会儿,大李问:"如果不当运动员,那么你还想做什么?"

小斌说:"体校老师。"

大李笑了,说:"看来你还真是喜欢足球啊!不是运动员,就是培养运动员的老师,不错!"

小斌也笑了。

大李又说:"小斌,我想请你想一想,与足球相关的职业有哪些?比如,裁判就是与足球相关的职业。你还能想到其他的职业吗?"

小斌想了想,说:"教练……还有,队医……"他的脸涨得红红的,又抬头看了大李一眼。

大李:"很好啊,教练、队医,还有吗?"

小斌摇了摇头,说:"我想不出来了。"

大李:"我还能想到体育记者、解说员,还有体育用品制造商。球队里还需要理疗师、按摩师、营养师等,可能还有啦啦队。球员可能需要经纪人。如果是职业足球俱乐部,球队需要投资人和赞助商,还需要球探。如果是足球协会,还需要工作人员等。其实,和足球相关的工作数不胜数，对不对？"

小斌不住地点头，脸上也露出了微笑。

> ### 💡 大李有话说
>
> 　　我在帮助小斌重新点燃对未来的希望。小斌一直想当职业足球运动员。然而，他渐渐意识到自己的天赋有可能不足以支撑实现自己的梦想。因此，他对自己的未来感到有些茫然，失去了前进的动力。再加上因长期忽视学业，基础学习能力非常弱，让他缺乏自信。
>
> 　　我从足球这一点切入，以点带面地帮助小斌拓宽对职业世界的了解，让他看到除了运动员这个职业以外，他还有很多可以选择的空间，这其实就是在激发小斌的学习动机。

大李问小斌："离中考还剩不到一年的时间。你认为你在学习中遇到的最大的问题是什么？"

小斌想了想，说道："我在上课时很容易走神。"

"对于你上课容易走神，你有没有想过是什么原因导致的呢？"

小斌若有所思，但是久久没有回答。

大李说："我来帮你分析一下，你看看你属于哪种情况。比如，你是不是因为听不懂呢？"

小斌点头，说："有这种情况。"

大李问："这种情况多不多？"

"很多。"

大李又说："你是否有时会在课堂上做别的事？"

小斌有点脸红，说："是的。"

"做些什么呢？"

"有时会跟同学聊天。"

大李笑着说："明白了。你有没有因为不太喜欢某个科目的老师而不好好听课？"

"这倒没有。"

"你在听课时，有没有感到很困、很想睡觉？"

"以前经常觉得困，最近好点了。"

"能给我讲讲是什么原因吗？"

"以前我总在晚上玩游戏，睡得很晚，第二天就会感觉很困。最近，我玩得少了。"

大李点点头，说："看来，你也意识到了一些问题并做了调整，这就是有进步。根据我们刚刚的分析，你觉得导致你走神的最主要的原因是什么？"

小斌不假思索地回答："就是因为听不懂，老师讲的很多东西都跟不上。"

大李有话说

其实，不仅是小斌，很多学生都会遇到听课效率不高的问题。不过，这只是一种表象，自主学习指导师需要透过表象查找问题的根源才能对症下药。造成小斌上课走神

> 的主要原因是他的基础比较薄弱。如何解决这个问题呢？这需要学生、父母、指导师合力完成。
>
> 从本质上说，自主学习就是要帮助学生不断地发现问题、解决问题，而发现和分析问题是所有工作的出发点。就像中医看病时要把脉一样，我们也需要把握脉络。
>
> 对于小斌遇到的问题，我们不能片面地看，因为它是一个综合性的问题，需要打组合拳。比如，听课策略、复习与预习策略、制定每天的学习目标和计划、笔记策略等这些科学方法都要跟上，才能帮助小斌提高学习效率，逐步摆脱困境。当然，这需要一步一步来，得有一定的耐心，我们要学会等待，需要循序渐进。
>
> 小斌需要唤醒学习动机，更需要运用有效的学习方法提高成绩，哪怕只是微小的变化，也要让他体验到成就感，提高自信，从而唤醒学习动机。渐渐地，就会步入良性循环。

大李问："你最想提高哪个科目的成绩？"

"化学和物理。"

"你这两门课学得怎么样？"

小斌低着头回答说："很糟糕，即使是很简单的题也需要问别人。"

"你在学校里是怎么解决的？"

"主要是问同学，偶尔也会找老师——其实，我有点不好意思找老师。"

"放学后你会怎么办呢?"

"妈妈给我找了辅导老师。"

"哦,你已经开始接受课外辅导了,效果怎么样?"

"辅导老师经常给我刷题,可是有很多题我都不会。在老师给我讲题时,有很多题我都听不明白。给我辅导化学的老师跟我说,初中的化学背的东西多,于是让我死背公式。"

"你觉得这样的效果怎么样?"

小斌皱了皱眉,很痛苦地说:"我很讨厌背东西,文科的那些知识点背起来本来就已经非常费劲了,理科的还得背……而且,我基础太差了,还是得从头来吧!"

"你妈妈知道这个情况吗?"

小斌摇摇头,说:"我没跟她说过。"

"如果能换辅导老师,你觉得什么样的辅导老师比较适合你?"

小斌顿了顿,说:"我的基础较差,比较适合一对一地接受辅导,从基础开始帮我补课。"

大李说:"这个实现起来并不难。你觉得是你回去直接跟妈妈沟通,还是我这边需要帮你做一些工作?"

"如果您能提前帮我跟妈妈说一下最好。"

"好的,稍后我会跟你妈妈沟通,我想你也可以跟妈妈如实反映目前的情况吧?"

"可以的。"

大李点点头,说:"刚才我们谈到的大多是跟辅导老师和辅导方法有关。那么,你会如何积极配合呢?"

小斌好像没理解大李说的话，疑惑地看着他。

大李耐心地解释说："我举个例子。如果我们找了一位可以一对一辅导你的老师。老师从基础一步一步地教，那你应该怎么做才能提高辅导的效果呢？比如，按时参加辅导，这是最基本的吧，还能有什么？"

小斌想了想，说："上辅导课的时候不要走神……还有，遇到不懂的就问老师。"

"很好，你能有这样的意识，本身就是一种进步。那么，你是怎么安排放学后的时间的？你做计划吗？"

小斌摇了摇头，说："我不做计划。"

"做预习吗？"

小斌脸红了，又摇了摇头。

"考试前，你会制定目标和计划吗？考试结束后，你会做试卷分析吗？"

"老师，我都没做过。"小斌低下了头，声音越来越低。

"那么，刚刚我提到的这几件事情，你觉得有必要学习吗？"

小斌点头，非常肯定地说："有必要。"

"辅导老师会做好他该做的事情——帮助你掌握和巩固知识点，但你不仅要认真听讲，还需要提升自身的学习能力。像如何制定目标和计划，听课、复习、预习的方法，考试管理的方法，都是需要学习和掌握的。这样才能从根本上提高自主学习能力。"

小斌点了点头。

大李说："那么，我们每周在网上见一次面，每次 60 分钟左右，我为你定期做指导，你觉得这样的安排可以吗？"

小斌说:"我在平时作业挺多的,通常都是到晚上 10~11 点才能结束。只有周末还有点时间。"

"没问题,那咱们就定在周末。另外,在你接受科目辅导的过程中,我也可以帮你解决一些问题。那么,你如何能让我知道你在接受辅导的过程中出现的一些问题呢?"

小斌:"我通过微信跟您沟通,行吗?"

大李:"我的建议是,你、我、你妈妈,我们三个人建个微信群。在你每次接受辅导之后,在群里简单地记录当天的收获和遇到的问题,这样我和你妈妈都能在第一时间了解你的情况,以便更好、更及时地帮助你,可以吗?"

小斌:"可以。"

大李有话说

我们帮助小斌将想法落实到具体行动上,以便更好地管理学习过程。对于小斌来说,自主学习指导师、科目辅导老师以及父母和学校老师的协作非常重要。不过,归根结底,最关键的还是小斌自己的执行力。如何促进学生的行动呢?我们需要帮助学生明确自己的角色和需要承担的责任。

通过小斌的案例,我们较为完整地展示了一次指导师与学生之间的对话，看到了指导师是如何围绕自主学习的三个核心要素（动机、方法、管理）来展开指导工作的。

学生需要动机来驱动自己，通过掌握科学的学习方法来提高学习效率和成绩，并持续管理好学习过程，落实到行动层面上，通过重复正确的行为，养成优秀的自主学习习惯。

第 2 章

构建学习的良性循环

- 如何摆脱学习的恶性循环?
- 既然可以在线学习,那么为什么还要去学校学习?
- 作业都忙不过来,哪还有时间预习?
- 听课走神怎么办?
- 复习还需要方法吗?

你煮过拉面吗？如果你是第一次煮面，你会怎么做？

想必你会先看看包装袋（有时可能是产品内附的说明小卡片），因为那上面通常会清楚地写明做法。其实，这就是一种"流程"。流程之所以重要是因为它可以保证一定的质量，也就是说，如果你按照制作的流程去煮面，那么这个面的口感肯定不会差到哪儿去。

学习也有基本的流程，如果抓好基本的流程，那就可以在一定程度上保证学习质量。

案例

小强说自己最近总是提不起精神，大李问他其中的原因。

小强说："放学后就去补课，到晚上10点多才回家，还要完成一大堆作业，做完了差不多就要12点了，洗漱后要是磨蹭一会儿，凌晨1点多才能睡着。"

大李问："那你第二天上课不困吗？"

"困啊，实在不行就趴一会儿。"

"你们班里这样的同学多不多？老师管吗？"

"挺多的，老师也管不了那么多了。"

"那你怎么不早点儿睡呢？"

小强无奈地说："不行呀，我得上辅导班啊！"

大李有话说

小强处在一种学习的恶性循环中，在校听课效率不高，于是放学后就去外面补课，没有那么多时间充分消化当天

孩子是选手，父母是教练：如何有效培养孩子的自主学习习惯

> 学习的内容，晚上又不能睡好觉，第二天听课时无法保持专注，又得去外面补课……小强对此感到很无奈。

学习中最重要的是什么？是学习的意愿还是学习方法？两者都很重要。不过，我们认为学习中最重要的是听课、预习和复习，因为学生每天做的就是这三件事情。我们把它称为"学习的基本流程"（见图 2-1）或"学习的良性循环"。预习可以提高课堂的专注力，因为预习的目的是带着问题去听课。如果学生在听课时的专注力提高了，放学后复习的效率也会随之提高，从而节省更多的时间再去做预习、拓展阅读等。

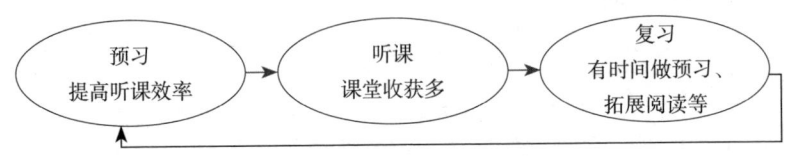

```
预习              听课              复习
提高听课效率  →   课堂收获多   →   有时间做预习、
                                    拓展阅读等
  ↑_____|
```

图 2-1　学习的基本流程

这三个环节的作用可以按以下方式来概括（见图 2-2）：

- 预习：提高兴趣；
- 听课：打好基础；
- 复习：变为己有。

让我们先从听课说起。

图 2–2　听课、预习、复习的作用

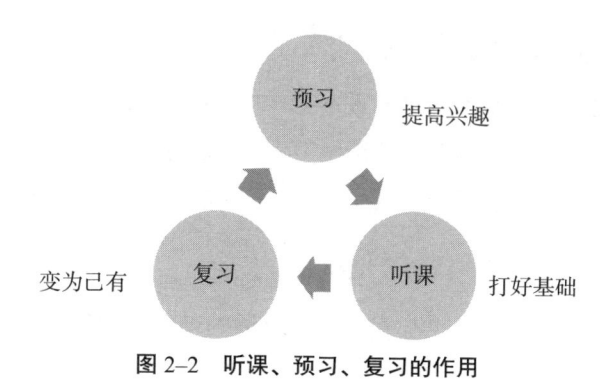

听课：打好基础

为什么听课时要保持专注

☆ **学生在学校的时间最长**

除去每天吃饭、睡觉等时间，学生在校的时间是最长的。就这一点而言，每个学生学习的机会是相同的。

要想学习好，其实道理很简单。首先要保证足够的学习时间，然后提高单位时间的效率，时间乘以效率，就等于学习量，即"**时间 × 效率 = 学习量**"，我们把它称为"学习公式"。

由此可见，成绩好的学生，肯定能有效利用在校时间。很多学生正是因为没有管理好在校的学习时间，导致听课效率低下，放学后又去外面补课，慢慢陷入了学习的恶性循环。

课堂是学生获取知识的主要渠道，老师会在课上传授重要的知识点，因此听课效率会直接影响学生的学习效果。

☆ 能学习基本的概念和原理

老师会在课堂上详细讲解大量的概念和原理，学生只有掌握了这些概念和原理，才能进行拓展学习（即通过上网课、看教育节目等方式）更好地进行自主学习。

☆ 可以更好地预测考试题

我曾看过一个大学生写的一段有趣的话："你们是不是正在担心期末考试？是不是不知道老师会出什么考题？我跟你们说，其实老师更为难，因为老师根本不知道你们会什么。"

笑过之后，我更希望你明白的是，谁出考试题其实并不重要，只要你认真听课，记住老师讲的重点，多下功夫，那么不管谁出题，都能考出好成绩。

请记住，**重点往往来自老师讲课的内容，而老师重点讲的就是课本的核心内容。**

☆ 可以学到书本知识之外的很多有益的内容

疫情期间，很多学校的安排是"上午在线学习，下午自主学习"。在线学习已经变成一种常态。既然如此，那么学生以后是不是就可以用居家学习代替去学校学习了呢？

请思考一个问题：为什么学校都是老师在上面讲，学生在下面听？从小学到大学，从古至今，从中国的孔夫子到古希腊的苏格拉底，为什么都是采用这种形式？

在古代，由于信息传播的媒介受限，师生之间只能靠老师当面讲授这种手段。然而，如今传播信息和知识的手段多种多样，而且成本低、效率高。其他很多领域（如邮件、购物）也都因信息技术的进步而有了新的形式。为什么在教育领域，仍然延续着几千年前的教育形式？

因为，学生在学校里寻求和能得到的不仅仅是知识，还有更重要的内容——学习做人。

学校是一个特殊的场所，有很多人（老师、学生）共处同一个空间并在这里互动，形成了一个"小社会"。老师不仅教学生知识和技能，还以各种不同的方式锻炼学生最基本的社会能力。课堂发言、小组讨论、项目制学习、综合实践、职业访谈等，都能培养学生建立人际关系的能力、沟通能力、社会奉献精神、问题解决能力、创造力等核心素养，而这些只有在学校这个特殊的环境中才能实现。

听课时为什么会走神

大李在给父母做咨询的时候，常会听到这样的抱怨："我们家孩子听课时总会走神。""班主任又给我打电话了，说我儿子不在状态。""烦死了，孩子总在上课时搞小动作，今天又挨批了。"也常听到学生会这样说："老师，我上课时就是听不进去。""老师，我听一会儿课，思绪就不知道飘哪儿去了。"

导致学生听课状态不好的原因有哪些呢？

如果学生觉得是因为"没兴趣""不知道学习的目的是什么""不喜欢××科目的老师"等，那么这些原因大多与学习动机有关，其本质就是缺乏内在驱动力。

如果学生觉得自己是因为"听不懂""努力了，但成绩就是上不去""专注力不够"等,那么这些原因大多与基础学习能力差、学习效率不佳、没有掌握科学方法等有关。

如果学生觉得自己是因为"受同学干扰""上课犯困""与父母关系紧张"等,那么这大多与对学习环境的管理有关,如因玩手机影响了睡眠、因与父母沟通不畅而影响了情绪等。这里的"学习环境"不仅包括物理环境,还包括心理环境。要知道,学生有个健康、舒适的心理环境尤为重要。

从上述分析可见,听课不专注只是一种表象,了解导致听课不专注的原因才是解决问题的关键所在。可将这些原因按照学习动机、学习方法、学习环境这三个维度来分类,它们与自主学习的三个核心要素紧密相连。因此,通过自主学习系统可以帮助学生扭转听课不专注的状态,逐渐构建学习的良性循环。

听课要领

☆ 听课态度要端正

与其他学龄段的学生相比,小学生更像一张白纸,因此在这时应把基本的习惯培养好。

听课时要做到以下几点:

- 眼睛盯着老师和黑板;
- 仔细听老师的授课内容,尽量切断旁边的杂音;
- 挺胸直背,身体自然地前倾;
- 积极地回答问题和提问题;
- 认真做好课堂笔记。

☆ 做好课堂笔记

俗话说"好记性不如烂笔头"。即使你上课时听得再认真，但因为记忆力是有限的，所以还要做好课堂笔记。

做好课堂笔记，并不是说要把老师讲的内容全部记下来（这也不太可能做到），而是要记录老师讲的重点内容。为了分清楚哪些是重点哪些不是重点，在上课时也要保持专注。

那么，如何分辨老师讲的是不是重点内容呢？如果你能注意观察，就会发现老师在讲课时会有一些表情、语调、动作的变化，这时就是该做笔记的时候了！比如，老师突然提高了嗓门，或是做手势、跺脚，抑或是重复某个内容、做总结，这些都在提醒学生：注意了，老师现在讲的内容可是重点！

表 2-1 中列出了老师在强调某些内容时的常用语，供请各位参考。

表 2-1　　　老师在强调某些内容时的常用语

目的	常用语
强调某个重点内容	这个是必考考点 一定要记住 最重要的是…… 我再强调/重复一次
强调关键性	经常会…… 每个人都要知道 必须……
进一步说明	举个例子 这个事情的原因是……

☆ 要边听边思考

学生在课堂上首先要集中精力去听讲，但仅仅把学习的着眼点放在"听"上还是不够的。如果仅仅是"听"，那么充其量只是听懂。然而，听懂不一定等于掌握，从听懂到掌握之间还有一个过程。因此，学生在课堂上听讲的时候，不仅要用耳朵去听，更要用心去听。也就是说，**在听课时，思维活动一定要跟上**。

在课堂上，学生不仅要记住老师给出的结论，更要注意老师得出这个结论所用的思路和方法，还可以积极地运用发散思维，想出比老师更好的方法。这样一来，学生在听课时就能不断提高自己的学习策略水平。那种只知道记结论（如答案、得数等）而忽视学习思维方法的听课过程，是难以提高分析问题和解决问题的能力的。

☆ 要做预习

你有没有想过，为什么很多电视连续剧在每集的片尾都会播放下集预告？这是为了通过预告来刺激观众的好奇心，让观众对下集的内容有更多的期待，以提高下集的收视率。

预习的目的就是带着问题去听课，是提高课堂专注力的最佳手段之一。通过预习可以了解自己是否掌握听新课所需的知识，如果发现自己还不具备这种知识基础，就要在听课之前及时补上，从而改善听新课时的效果。

💡 大李有话说

在学生的学习时间中，所占比重最大的是课堂时间。如果能在课堂中理解、掌握所学的知识，并将其融入自己的知识体系中，就是最有效地利用时间。如果在上课时只是应付差事、简单地收集信息，而把希望寄托于课外辅导，那么就是一种本末倒置，学习也会变得令人痛苦。

因此，听课时请一定要保持专注！

预习：提高兴趣

预习和复习相比，很多人都更容易理解复习的重要性。那么，该如何看待预习呢？

为什么要预习

☆ **预习可以提高课堂听课的效率**

你喜欢旅行吗？如果是全家去旅行，你和家人通常会在出发前做什么？是不是会考虑这些问题：乘坐什么交通工具，是开车、坐火车、乘船还是坐飞机？住哪个酒店？酒店有没有早餐？当地有哪些景点？从酒店到景点适合搭乘什么交通工具……这些准备其实就是对旅行的预习，能让后续的行程更为便捷、顺畅。

学生在预习时，可以清楚地了解自己哪些内容能看懂，哪些内容似懂非懂，哪些内容完全不懂。注意，那些看不懂的内容往往就是新课的重点、难点，或学生在学习中的薄弱环节，也可能是其不熟悉的思考方法或特殊解法等。事先把不懂的内容记下来，就能在听新课时重点去听。这样一来，在老师讲到学生预习时能看懂的内容时，学生会有更浓郁的兴趣去听；在讲到似懂非懂的内容时，学生会出于好奇而去听；在讲到完全不懂的内容时，求知欲会促使其专注地听。

大李曾指导过一名初中生，他觉得文科很难，上课时也听不懂。大李建议他提前预习第二天要学的内容。反复读，遇到生词和专业术语就查词典，并将重要的内容标注出来，课后整理重点内容，然后给大李讲解。经历这样的反复练习，他上课时能听懂的内容越来越多，并能很自信地回答老师的问题，也能越来越集中注意力，学习成绩的提高也在意料之中。

预习的目的不是要完全掌握即将学习的内容，而是提前了解即将学习的内容，确认自己有哪些内容不理解。

预习通常是在上课前一天晚上做最适合。如果前一天没来得及做，那么在上课前利用几分钟的时间提前看一看，也能有一定的作用。当然，对于学习基础比较弱的学生来说，这种课前只预习几分钟的效果可能并不明显，因此最好还是提前一天好好准备。

☆ **预习有利于巩固所学的知识**

我们都会认同复习是巩固所学的知识的捷径。其实，预习也有利于巩固所学的知识。原因如下。

- 预习往往是学生独自完成的。预习时，学生通常会经过几轮积极的思考才会独自弄懂一些知识，这些知识通常会让其印象深刻。
- 在预习中理解有误的内容，听课时得到了纠正，有了这样的对比，印象会更深。

- 在预习时没有弄清楚的问题,可以通过听课找到答案,产生一种豁然开朗的感觉,印象更为深刻。如果听课后仍然没听懂,那么可以在课后请教老师、同学,或者经过反复思考弄明白,也会更难以忘记。

☆ **预习是增进师生关系的良好手段**

俗话说"来而无往非礼也",师生之间的关系就是在"传道、授业、解惑"中建立的。学生可以通过预习等形式主动学习,提出他们的疑惑,而老师则可以有效地为其解惑。在这个过程中能增进彼此的情感联结,具体体现在以下方面。

- 如果学生带着问题去听课,就会在课堂上保持专注,老师就会认为这个学生的听课态度非常好。而学生在得到老师的认可后会非常高兴并感到满足。
- 如果学生在课堂上提问,老师就会认真解答,这样学生就能弄清楚知识点薄弱的地方,从而提高学习成绩。
- 如果学生认真听课,课堂上积极提问,这就是尊重老师的教学工作,会让老师产生莫大的成就感,他们反过来就会非常关注这些学生,学生也会因此产生幸福感。

如何做好预习

如何做好预习?如果用一句简单的话来概括,就是预习需要有好奇心和探究精神。其实,预习的方法不复杂,贵在坚持。

预习的步骤如下。

- 第一步：快速回顾前一节学过的内容。
- 第二步：浏览这一节课需要学习的内容。先看主题和目录，再看图表和图片，最后通篇阅读 1~2 遍。
- 第三步：发现疑问点，制作提问清单。

复习：变为己有

每个学生对复习都不会感到陌生。无论学习成绩如何，都会经历复习阶段，哪怕是考试之前的临阵磨枪。不过，学生复习的效果却是参差不齐的。

其实，复习效果的好坏直接影响了学习的成绩，复习绝不是简单的临阵磨枪，它应该是一种学习常态，贯穿于学习的整个过程。关于如何做好复习，我想与大家分享以下几个方面。

复习方法概述

为了提高孩子的学习成绩，父母往往首选辅导班。辅导班也正以此为使命助力孩子的学习。然而，有一个问题必须引起父母的思考：**辅导班的课程进度通常会快于学校的课程进度**。正是这种速度优势，使其成为孩子学习中的障碍之一。由于在辅导班学习过，因此有些孩子在课堂上无法集中注意力。还有些孩子以为自己在辅导班学会了，回家后却发现自己怎么都想不起来，渐渐地对学习失去兴趣。如果孩子长期都是一边在学校上课，一边去辅导班学习，那么很可能会导致孩子对基础知识掌握得不牢固，学习成绩直线下降。

那么，如何才能有效改善这种状况呢？可以将学习的重点转移到学校的课堂上，并通过课后复习夯实基础知识。跟着学校的进度集中做习题集，重点放在做错的题目上，反复理解，直至完全掌握。此外，再准备一个错题本，详细记录做错的题目和做错的原因。只要坚持反复复习所学的内容，那么也能学会、做好曾经的难题。最重要的收获是，学生能通过这个过程重拾学习的信心。

提到习题集，大李认为有个"单本策略"需要强调一下，即复习时不要强求做很多本习题集，做好一本即可。但是对于做错的题，一定要弄明白。当然，如果基础太薄弱，要是某道题实在不会做也不必过于纠结，提高是需要一个过程的。

注意：**学生阶段，特别是小学阶段，是孩子培养学习习惯、巩固学习基础的最佳时期，做好复习至关重要。**

高效的一周复习法

不少学生放学后的时间都是在课外辅导班度过的，自主学习的时间少之又少，更不用说复习了。针对这样的情况，不妨采用"一周复习法"，即以周为单位，在周末利用一段时间来复习本周课堂上所学到的知识。此时，对课堂的内容还不至于全部忘记，因此，这种方法比较具有可行性。

具体实施步骤为，先把一周的学习内容通读一遍，然后整理要点。如果坚持这样做，学生对于学过的知识点就能印象深刻，学习也会变得相对轻松。

很多学生平时不复习，考试之前临阵磨枪，想在短时间内背记大量内容，这样记忆的内容是不会长时间留存于大脑中的，考试结束后不久就会忘记。更为严重的是，这种记忆方法会引发学生产生诸如"就算学也没用"或"我不是学习那块料"等消极想法。

因此，不妨在平时以一周为单位进行复习，这样既能让知识长期存储于大脑中，又能让学生在考试前保持轻松、自信的状态，何乐而不为呢？

必备的复习笔记本

如何才能有效地背记呢？准备一个复习笔记本，以教科书和课堂笔记为中心，将重点整理在笔记本上。每天坚持，临考前从头到尾看一遍，自然能拿高分。

当然，这种方法并不是放之四海而皆准的，它通常只适用于学生最没有自信的背记科目。如果背记科目需要背记的内容比较多，那么即使上课时觉得很有趣，但要是没有记笔记的习惯，时间久了也是容易忘记的，到考试复习时能记住 30% 的内容就已经不错了。如果选择重新背记，就会浪费时间和精力，很难取得高分。此时，复习笔记本就会发挥它的作用，如果学生能借助它将课堂上不易记住的内容呈现于面前，就能抓住重点，高效记忆。

网络课堂只能作为一种补充

知识经济时代，互联网的高速发展让教育行业受益匪浅。

网络课堂层出不穷，打破了距离的阻碍，让学生有机会接触名师。只要打开电脑，名校、名师课堂便出现在屏幕中，还可以反复播放，无形之中满足了学生的众多需求。更为人性化的是，很多网络课堂设有咨询窗口，可以在线提问、在线回复等，并能解答学生在听课过程中遇到的问题。基于此，有效利用网络课堂对预习和复习都是大有裨益的。

需要警惕的是过犹不及。只依赖网络课堂而不看教科书，甚至不在学校课堂上认真听讲，那么不仅无法养成良好的学习习惯，还可能会让学生成为网络课堂的受害者。有些成绩不好的学生热衷于看网络课堂，他们有必要反省一下自己是不是没有以教科书为中心学习。在自己认为有必要的科目或某一章节的学习上利用网络课堂，效果才明显。

💡 大李有话说

在学习的过程中，复习和预习的重要性不分伯仲。坚持做好预习和复习的学生，成绩总是位居前列。反过来，成绩总是位居前列的学生，也会把复习和预习做到极致。

其实，复习和预习如同学习的双保险，能使学习之舟按照既定的方向前行，而网络课堂在这个过程中只是起到查缺补漏的作用。

🔍 大李小调查：复习和预习，你的孩子做到了哪些？

1. 课前会提前预习下一节课即将学习的内容。
2. 在预习、复习时会参考网络课堂。
3. 平时会阅读与教科书相关的书籍。

4. 下课后，会复习刚刚学到的内容。

5. 放学回家后会复习当日学习的全部内容。

6. 课堂上记好笔记。

7. 教科书上的习题都能做完、做好。

8. 能有效运用一周复习法。

第 3 章

激发学习动机

- 为什么要学习?
- 孩子会认为是在为父母而学还是在为自己而学?
- 在学习的过程中,梦想有什么用?
- 如何帮孩子制定目标和计划?

第 3 章 激发学习动机

对于一辆汽车来说,哪个部位最关键呢?你的答案很可能是发动机。因为发动机就是汽车的心脏,能让汽车启动并持续行驶。学习也是同理。孩子坐在书桌前,看似有学习的意愿,但如果没有真正开启学习动机这一发动机,就很难有效且快乐地投入学习中,也很难坚持学习的旅程。如何帮助孩子激发学习动机呢?

案例

晓晓,男生,初一。

晓晓在"小升初"考试时以全校第一名考入了重点初中。但他入学一个月之后,班主任打来电话反映,晓晓的成绩下降太多,学习时心不在焉。妈妈接到电话后,有点不知所措。其实,妈妈对此早就有所察觉——他在升入初中后,不再像以前那么爱学习了,玩游戏的时间则增多了不少。

初一上学期就这样结束了。

初一下学期开学后不久的一天,晓晓放学回家后跟妈妈说,他再也不想去上学了。妈妈顿时火冒三丈,问他原因,可他不肯说。在妈妈的再三逼问之下,晓晓只短短地说了句"不想学习"。就这样,晓晓开始了在家玩游戏的日子,成了"宅男"。

妈妈为此找过学校的老师、心理咨询师,可晓晓没有任何改变。无助的妈妈经朋友的介绍,找到了大李。看到晓晓妈妈的状态,大李想象得出晓晓问题的严重性。于是,大李决定与晓晓谈谈心。

走进晓晓的家,大李一眼就看到了那个坐在电脑桌前玩游戏的男孩。明知有人进屋,晓晓却连看都不看一眼。

大李静静地站在他身后片刻,看着他玩游戏。过了一会儿,大李问他:"你在游戏中选择了什么角色?"晓晓没说话。

大李又看了一会儿,说道:"我知道了,是不是那个××将军啊?"晓晓还是没说话。

又过了一会儿,晓晓似乎意识到这个陌生人是专门来看他的,便回头看了大李一眼,说道:"你回去吧,我是不会学习的。"

大李说:"我不是来说服你学习的。"

晓晓有点不相信,问道:"那你来干什么呢?"

大李真诚地说:"我来是想听听你对未来的打算,如果你的想法很适合你,那么我想帮助你实现它。"

晓晓停顿了片刻,似乎感觉大李跟其他老师不太一样,态度有所转变,没有一开始那么抵触了。于是,他停下了手中正在玩的游戏,两人开始了第一次的沟通。

大李给晓晓讲起他的经历:"我在上初中的时候,也曾想过要放弃学业,因为我爸爸对我这个独生子的期待太高了。为了让我考上重点高中,爸爸特地从别的中学转到了我所在的学校当老师,还当了我们班的班主任。可我当时觉得,无论我怎么学习都无法满足爸爸对我的期待,于是索性放弃了学习。就这样,在升入初三后,我看到其他同学为了中考拼命学习,突然也萌生了想上重点高中的念头。到那时,我才知道其实我的内心根本就不愿意一直这么过下去……"

听着大李的讲述,晓晓看上去似乎有所触动。

大李继续说:"和你分享我的经历,其实是想告诉你,学习并不只是局限在学校,而是伴随我们的一生。"

晓晓点了点头，终于开口讲述了自己的经历："其实，我在上小学的时候很听话也很努力。可是，升入初中后，妈妈对我的要求越来越高，新的学习环境也很难适应，再加上学习内容增加了不少，我常常感到要窒息。时间长了，我都不知道为什么要学习了。"

大李觉得和晓晓的关系拉近了一些，就问道："你长大了想做什么？"

晓晓说："不知道，没想过……"

大李说："在接下来的一周，希望你能好好想想自己以后想成为一个什么样的人。一周后，我再来听你的想法。"

晓晓说："好的。"

就这样，大李给晓晓做了四次指导。在第五次见面时，晓晓说："我决定学习了……"

大李问："是什么事情让你改变了想法呢？"

晓晓有点不好意思地说："其实，这几次与您交流之后，我发现自己有一种说不出的感觉，就是有点舒服的感觉……现在我不再感到那么压抑了。而且，我还找到了学习的理由——我要成为一名优秀的游戏开发专家。"

"哦，游戏开发专家……据我了解，一款游戏的开发其实需要很多不同的人的配合，你知道吗？"

晓晓好奇地问："老师，您能仔细说说吗？"

大李说："比如，游戏得有故事情节吧？也就是说，得有人编故事。游戏里面有很多不同的人物，这些人物的设定需要策划。游戏的画面非常绚，背景音乐也比较酷，这些是由谁来设计呢？另外，你应该知道，游戏还需要编程。"

"知道，学校里有编程课，游戏也需要编程。"

"你看，其实游戏开发包含了很多不同类别的工作，你比较感兴趣的是哪个类别的工作？"

"我还是比较喜欢编故事和设计人物。"

"为什么呢？"

"起码不单调，我想怎么编就怎么编，不受约束。"

"也就是说，你更偏向于游戏策划，大学里像'数字媒体艺术'等专业就与游戏策划有关。我们要不要再聊聊这些职业和专业？"

慢慢地，晓晓步入正轨，这种变化源于他对未来的期望。晓晓妈妈见到孩子的变化感到开心极了，她表示不会再给孩子过大的压力了。

大李有话说

孩子在成长的各个阶段，不仅身心会发生变化，他所面对的环境也在不断地变化（如新的人际关系的建立、学习内容难度的提高、自主学习的时间越来越多、父母对自己的要求越来越高等）。对此，孩子会感到恐惧、无助，不断地问自己"为什么要学习"。为了摆脱这种痛苦的状态，孩子会选择逆反，或是放弃。

当孩子处于这种状态时，父母或自主学习指导师不仅要理解和体谅孩子的处境，还要积极引导孩子，帮助他们成功地适应新环境，找到学习的理由，走上适合他们的路。

> 在晓晓的案例中，我其实就是在帮助他探索现在的游戏与未来职业的关系，帮助他找到了发展方向和目标，以此来激发他学习的动机。其实，这也是在帮助他探索梦想。
>
> 当然，晓晓随着年龄的增长，对职业和专业的理解也会变得丰富、深入，当初想从事游戏策划的梦想也可能会发生变化，这是极其正常的事情。
>
> 不过，在当下，晓晓需要一个梦想，让想停下来的双脚重新奔跑起来！

有梦想谁都了不起

谈到学习动机，就一定会谈及梦想，因为梦想是世界赖以生存的起点。我们使用的电脑、智能手机、电动汽车等，都不是在这个世界上本来就有的，而是以个别人的梦想为伊始创造的，它使人类不断进步并因此获利。**梦想是驱动社会进步的动力**。因此，学习是否从心怀梦想出发是非常重要的。梦想为学习提供了充足的理由，而且越是迫切、生动的梦想，就越有可能实现。

"如果你想造船，那么先不要急着叫别人搬运木材、分配各种工作，你应该先让他们的心灵充满对蓝色大海的憧憬。"这是《小王子》(*The Little Prince*)的作者安东尼·德·圣-埃克苏佩里

（Antoine de Saint-Exupéry）的名言。

驱动人类去行动的是梦想而不是命令。因此，要想让孩子的学习成绩优秀，就要先让孩子心怀远大而清晰的梦想。

在强调梦想的重要性时，有些父母会迫切地希望孩子立即拥有梦想。然而，梦想并不是从天而降的，被迫植入的梦想往往无法成为孩子自己的梦想。最为理想的状态是，父母应自己先拥有梦想，孩子在成长的过程中通过倾听、感受进而思考父母的梦想，从而慢慢明确自己的梦想。注意，这并不意味着父母有梦想是孩子拥有梦想的前提。

在进行自主学习指导的过程中，难度最高的指导对象是那些没有梦想的学生。没有梦想，自然就没有动力，看到这样的学生，很多指导师坦言指导过程的确很难，有时甚至会觉得自己的能量也在一点一点地消失。焦急的父母更是不断地给孩子施压，可是孩子的状况非但没有改变，反而更加彷徨。在这种情况下，一味地关注学习知识、寻找学习方法或努力培养学习习惯都不是最佳的指导方法；相反，最佳的指导方法应该是，让孩子主动地去寻找自己的梦想，重燃学习的欲望。

💡 大李有话说

什么是梦想？梦想就是成就未来的我。

"未来的我"与"现在的我"是存在差距的。实现梦想的过程就是弥补差距的过程。如果光想不做，就是"空想"。真正的梦想是需要付诸行动的。

如何实现梦想

梦想通常是较为长期的目标,实现梦想需要将长期目标划分为分阶段的小目标,以便更好地落实到行动上。

因此,梦想是目标的积累,而目标是具有截止时间的梦想。

1979年,有研究者针对哈佛商学院硕士毕业生展开了一项这样的调查:你是否记录下明确的目标并为目标的实现制订计划?其中,只有3%的被试制定了目标和计划,并写了下来;13%的被试虽然有目标但是没有记录;84%的被试没有明确的目标和计划。10年后,研究小组对这些被试的生活状况进行了回访,了解他们的收入情况,并根据资料进行比较。结果表明,有目标但没有记录的被试的收入,是没有目标和计划的被试的两倍;制定目标和计划并写下来的被试的收入,超过其他人收入的10倍。这些被试的智商相差无几,为何收入会有这么大的差距?原因就在于,他们是否制定了目标和计划并记录下来。

在为实现梦想而去学习的过程中,应把制定目标放在首位,因为目标可以驱动你的行动并聚集你的能量。如果没有目标,那么即使是非常有能力的人也无法最大限度地发挥自身的能量。

如果你的孩子是中学生,那么请思考:你的孩子是属于已经从起跑线出发的人,还是尚未找到起跑线的人?"考上大学"恐怕是所有学生的目标,但他们真的了解大学的需求吗?不曾认真思考过自己的梦想而只是为了考上大学而准备考试的学生,就算升入大学,也常常会因没有目标或者所选择的专业不适合自己而不知所措。

教育部教育发展研究中心于 2006 年的一项调查结果表明，高三学生对高考志愿中专业的了解程度为"一小部分"和完全不了解的比例高达 75.2%。

基于这样的调查数据，我们是否可以推测高三学生中有 70% 以上的学生都是在"迷迷糊糊"的状态下填报志愿的呢？他们的目标到底在哪里？

教育部教育发展研究中心的一位官员就这一现象在一次职业生涯教育座谈会上指出，与备受关注的大学生就业问题相比，中学毕业生的无力就业和盲目升学的话题依然被忽视，基础教育阶段的职业生涯教育应引起足够的重视。

这份调查报告同时显示，有 57.8% 的大学生表示对自己的专业"非常不满意"，有 21.6% 的大学生表示"比较不满意"。也就是说，有将近 80% 的大学生对自己的专业表示不满意。

时过境迁，这种状况是否得到了改善？从最近的情况来看，这种状况并没有出现明显改观。2013 年 5 月底，由中国青年报社会调查中心和搜狐新闻客户端、手机搜狐联合发起的一项调查（10 005 人参加）显示，在大学实际学习中，仅有 16% 的人觉得所学专业符合当初预期，56.2% 的人觉得并不符合。让人啼笑皆非的是，竟然有 71.2% 的人表示，想要重新选择专业。

高考固然重要，但不能成为其唯一的目标。拥有梦想，制定阶段性的目标（如考上心仪的大学并选择适合自己的专业）以及备考过程更为重要。在为实现梦想而努力的过程中，目标明确的学生必将不知疲倦，且表现得更为出色。

寻找梦想并制定目标

父母和老师在帮助孩子寻找梦想和制定目标时,需要了解以下几个方面的内容。

☆ 梦想应该离现实近一些

梦想,可以让孩子觉得学习不再是孤独和痛苦的,而是幸福的;梦想,可以让孩子克服重重困难,为前行之路扫清障碍。梦想与现实距离的远近,直接决定了实现梦想的难易程度。

我曾在某部电视剧中看到过这样一个桥段,让我难以忘怀:一个学生在学习时,虽然手捧着书,却控制不住地打瞌睡。老师看到他这个样子,让他自己独处一段时间,思考自己的梦想是什么,并就此寻找必须学习的理由。在他独处的时候,他想起了奶奶。他从小和奶奶住在一起,奶奶身体不好,年事已高,但还是在平时做一些零活,用微薄的收入艰难地养育着他。梦想就在那一瞬间迸发,他长大后想当一名医生,专门救治那些和奶奶一样身体不好的老人。从那之后,他重新振奋起来,为当一名医生的梦想而努力学习。

☆ 梦想与目标是不可分割的整体

制定目标,能推进实现梦想。为了让梦想发挥更大的能量,应该让自己的梦想更加成熟。例如,与其不着边际地说"我的梦想是当一名记者",倒不如想象一下自己在电视新闻中出现并说"我是××电视台记者×××"这样的情景;与其说"我的梦想是成为一名服装设计师",倒不如想象一下穿着自己设计的衣服走在T型台的模特,而自己正在为大家介绍设计理念;与其说"我的梦想是当一名警察"，倒不如想象一下报纸上刊登了自己勇斗歹徒的事迹……不着边际的梦想无法真正地带给人动力，因此，应让孩子搜集与梦想相关的信息和资料，使梦想有可能实现。

☆ 如何有效地制定目标

梦想和目标，可以说是个人专属的、量身定做的。特别是梦想，你无法用别人的梦想来替代自己的梦想，它可以激发人最为内在的能量，驱使人行动起来去完成自己的目标，为最终实现梦想而努力。那么，如何有效地制定目标呢？

请与心中的那个自己对话，设定一些能激发自己挑战情绪的目标，并将这些目标逐个清晰地写在白纸上。也可以单独准备一个目标记录本，一边想象着未来的自己，记录自己憧憬与虔诚的心；一边集中精力，逐渐提高目标意识。要周期性地反复回望自己的目标，将其与自己融为一体。注意，要记得评估自己制定的短期目标的执行情况，认真反思，从中发现不足之处并尽快改善。在这个过程中，可以激发自己不断向前的动力，并深刻地体会到实现目标的成就感。

一旦明确了梦想和目标，学习的理由也就一目了然了。此时，学习不再是枯燥乏味的事情，而是转变成一个享受愉悦的过程。当然，在制定目标的过程中，父母与其一味地要求孩子在行动上做出改变，不如为孩子创造制定目标的各种体验机会。

在努力实现目标的过程中，如果无限放大这个过程的复杂性和艰巨性，目标就会难以实现。其实，心态对于实现目标非常重要。试想一下，相信自己可以实现目标与怀疑自己能否完成目标，哪种情况更容易实现目标呢？相信自己的人会竭尽全力地为实现目标创造条件，怀疑自己的人则会让目标也失去了意义。

☆ **远离质疑的声音**

你在制定目标的过程中，也许会遭到很多人的质疑，他们会强调目标不可能实现，此时，如果你坚信目标一定可以实现，就没必要倾听那些反对的声音，因为你在为目标努力的过程中已收获良多。当然，前提是你所坚持的梦想和制定的目标，一定是能为你的成长和社会的发展带来积极影响的。

美国传奇篮球明星魔术师约翰逊说过："千万不要听跟你说'不行'这句话的人的话。"许多人之所以跟你说"你不行"，是因为他们没有取得成功。他们在中途放弃过，便认为你也会在中途放弃。

制订具有可行性的计划

在制订计划时，应以每天、每周、每月为单位。制订的计划要和自己的能力水平相当或适当高一些，否则很容易产生挫折感。每天、每周、每月结束时，总结一下计划的完成度，其重要性不亚于坐在书桌前学习。

如果计划没有完成，那么往往是由于反思不够。也就是说，应注意观察自己平时的学习量和学习时间，经过反思，才能制订自己力所能及的计划。

如果孩子不懂如何制订计划，那么父母或自主学习指导师就要协助他，制订符合他的能力并能让他坚持下去的计划。制订好后，还要观察孩子的执行情况。

养成良好的习惯

梦想的实现通常需要时间的累积，因此，在实现梦想的过程中，短期目标的叠加成为一种必然的趋势。最好量化短期目标，这样有助于在付诸行动的过程中检验目标的完成情况。

如何保证梦想和目标按计划实现呢？答案是，养成良好的习惯。

学校常常会上演这样一幕：考试前夕，所有学生都埋头苦学、挑灯夜战，考试结束后又常常会发出感慨"要是平时也这样学就好了"。的确，如果在日常的学习中坚持制定目标和计划，并让实现梦想与目标的方法成为一种习惯，那么所有学生的成绩都不会差。

在习惯的形成过程中，大脑起着重要作用，能让想象变为现实。有研究表明，一个人一旦确定目标，并持续地为自己的大脑灌输"只要努力就可以实现"的想法，大脑就会像收到指令一样，为目标竭尽全力。如果一个人只有漫无目的的想法而没有具体化的目标，大脑就无法被带动起来。因此，每天有必要以积极和努力实现目标的心态训练自己的大脑。更为重要的是，基于大脑的特点，越是具体的、可量化的目标，越具有可执行性。

💡 大李有话说

梦想是非常公平的，任何人都可以有梦想。孩子找到适合自己的梦想非常重要，这会影响孩子的一生。有了梦想，孩子就会产生学习动机。

父母该如何协助孩子寻找梦想呢？首先，父母要准确地了解什么是梦想、梦想包括什么,以及如何找寻梦想。之后,在自主学习指导师的协助下,帮助孩子体验寻找梦想、制定目标和计划并最终成功实施计划的过程。

注意,孩子在找到适合自己的梦想之前,梦想经常会发生变化是非常正常的现象。

此外,孩子在这个阶段哪怕只有很小的进步也是值得鼓励的。

大李小调查:学生自主学习习惯自测

1. 我认为我不喜欢学习的内容在考试中出现的概率很低,所以没必要学那么多。

2. 一打开教科书我就心生杂念,很难集中精力学习。

3. 我在同一个位置很难专注地学习超过一个小时。

4. 电子产品(如电脑、手机、平板电脑等)常常位于离我很近的地方,所以我很容易随时玩它们。

5. 平时我很少拥有独自学习的时间。

6. 即使见到学习优秀的人,我也毫无兴趣去了解他的学习方法。

7. 周围即使传来一些细微的声音,也能吸引我关注并去确认那是什么声音。

8. 当我面对有深度和有难度的内容时,我不敢解答,因此我经常选择回避。

9. 我基本上不太可能将一本习题集从头到尾全部做一遍。

10. 备考期间,我很难把全部科目的内容复习两遍。

11. 临近考试时,我常常因之前没有好好学习而感到后悔。

12. 在遇到很难理解的内容时,我常常先不去理解而是死记硬背。

13. 在解难题时,我很难坚持思考三分钟以上。

14. 我不太了解自己的学习方法有什么优点和缺点。

15. 我不会重复做曾做过一遍的习题集。

16. 我听课时通常不记笔记。

17. 我常会轻易就放弃有难度的计算题,因为计算起来很吃力。

18. 没有哪一科让我觉得特别有自信。

19. 考试时常会考我本以为不会考的题。

20. 考试后,我不会复盘。

让大脑与心协调发展

案例

小伟,男生,高一,成绩中等。

最近一段时间,小伟的状态很差,没理由地厌学。上课总是走神,自习课上经常睡觉。作业完成得马马虎虎,辅导班也不愿意去上。

第一次期中考试,小伟的成绩下降了很多。

小伟妈妈看着孩子的状态很担心,但是她也不清楚为什么小伟最近变得不爱学习了。为了鼓励小伟,妈妈苦口婆心,好话说尽,可小伟要么一言不发,要么突然大发脾气。妈妈感到茫然、无奈、惴惴不安、缺乏安全感,于是向大李求助。

在大李第一次去见小伟时,大李觉得,小伟的状态似乎并没那么糟糕。在与小伟交谈的过程中,大李了解到,小伟非常清楚自己现在处于低谷期,可又苦于不知怎样才能从中走出来。准确地说,问题的关键是,他的内心并没有想要走出低谷的意志或决心。

大李有话说

无论是学习成绩好的学生还是差的学生,都有可能处于低谷期。如果不能从中走出来,其学习成绩很可能会一落千丈。我们从学习曲线(见图3-1)中可见,学习时间和学业成就不一定成正比。在一项根据时间的推移测试学习能力的实验中,实验结果体现出了某一阶段会出现学习效果不明显(甚至出现成绩下滑)的高原现象[1]。学习量增加,学习成绩却下滑,这本是一种奇怪的现象。但更为有趣的是,一旦突破高原现象就会发生大逆转,成绩会直线上升。

---

[1] 高原现象,亦称高原期,是指在学习或技能的形成过程中,出现的暂时停顿或者下降的现象。在学习曲线上,高原期的表现为:在一定时间内保持一定水平而不上升或下降,一旦突破高原现象,曲线就会继续上升。

图 3-1 学习曲线

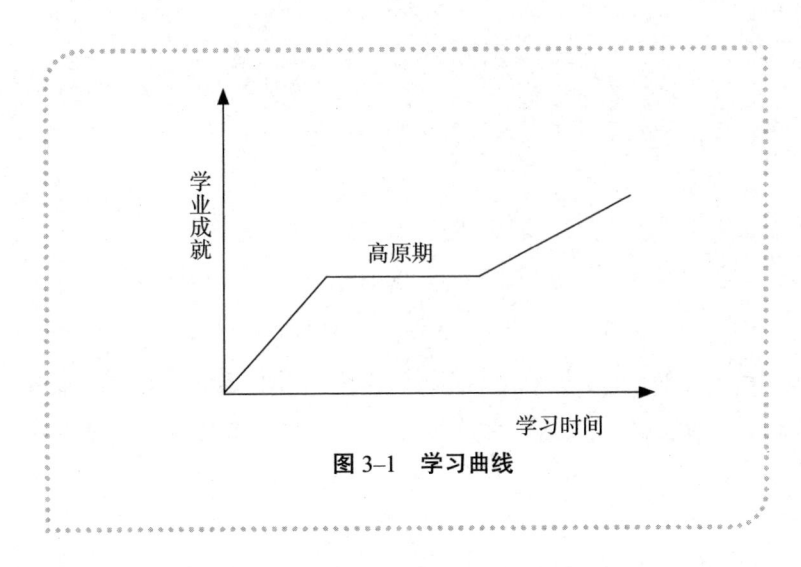

为了安全度过高原期，小伟的当务之急是要清楚自己的处境，给自己一段整理思绪的时间。在回顾过去的同时，想想自己学习的理由和目的、志向和未来；看看名人的手记或传记，调整心态，让自己振作起来；还可以整理自己的书柜，打扫自己的房间，看到一切井井有条后就会产生一种豁然开朗的感觉。

梦想与目标帮人们明确了前行的方向，但这并不意味着一定能获得成功。要想成功，还需要让大脑与心协调发展。

以学习为例。要想取得优异的学习成绩，学习方法固然重要，心理因素也不容忽视。生命的旅程犹如一次单程的人生远航，困难总是不期而遇，挑战也无处不在。面临挑战，能够保持平常心、始终专注于学习的学生可谓凤毛麟角。尤其是对于青春期的孩子来说，青春年少的懵懂、情感的漩涡、情绪的反复波动，让他们的内心变得难以捉摸。

学习，不仅是依靠大脑就能独立完成的，还需要心的协作。在人生的十字路口，具有决定性作用的不只是成绩或者学业，还有面对挑战的勇气和心态。英国前首相丘吉尔曾说："当一个人在遇到危险时，一定不要背身去逃避，因为一旦这样做，就只会让危险加倍；相反，如果立即面对、毫不退缩，危险便会减半。"我认为这句话同样适用于学生。面对同样的困难，勇敢者迎面而上，胆怯者望而却步，他们的结果必然是截然不同的，他们的人生也会有所不同。

不管做什么，都要有勇气，没有勇气就无法克服困难、改正错误、取得成功。

☆ **情感脑与理性脑**

为了便于理解，有必要在此做简要的理论铺垫。

人的大脑由三部分构成，分别是：调节呼吸及调节体温等生命特征的脑干——生命脑；主管人的喜怒哀乐等情感欲求的脑边缘系统——情感脑；进行思考判断、确定优先级、调节情感和冲动的大脑皮层（即额叶）——理性脑。

理性脑和情感脑的发育周期不一致。情感脑在青春期末期基本完成发育，因此，处于青春期的孩子对情感反应十分敏感，其行为也多带有冲动性。与此相比，理性脑的发育则相当耗费时间。它虽然在小学四五年级基本形成，却仅仅限于理解像"说谎不是好孩子""要遵守约定"等这样浅显的道理。理性脑完全发育成熟的时期是，女性平均要到 24~25 岁，男性则要到 30 岁（甚至 40 岁）。

理性脑主要负责人类的高级认知，管控语言说话、文字写作、计划推理、学习适应、抽象思考等功能；情感脑管理的领域是与情绪直接相关的内容。它们都不是独立运行的。但在运行过程中，相对于理性脑，情感脑占据着优势地位。例如，大脑很清楚某件事该如何做，行动层面却一直不执行。反之同理，当情感与理性为了实现目标达成一致时，可最大化地释放能量。

由于情感脑的学习能力低于理性脑，理解的速度也比较缓慢，因此开发情感脑、提高情感调节能力是需要时间的。

简言之：

- 人们在缓解压力时，需要情感脑和理性脑的协同运行；
- 情感脑的表现方式是愤怒或抑郁、悲伤；
- 理性脑的表现方式是寻找解决方法。

孩子的大脑在应对压力时的调控能力很低。如果孩子从小受到过多的压力，就容易乱发脾气；如果孩子从小受到的压力很少，就可以更好地应对压力。

压力无处不在，当孩子不可避免地应对压力时，如果父母能够帮助孩子缓解压力或教孩子自己如何缓解压力，并用理性脑进行判断，将有利于培养孩子应对压力的能力。

学习的目的无非就是为了让孩子在进入社会之后能够很好地适应社会，积极面对社会，并对社会产生积极的影响，从中获得成就感。要想让孩子取得好成绩，应先培养他调整自我情感的习惯。一旦形成习惯，孩子就会受益终生。

☆ **清理脑中的"垃圾"**

积极的心态在日常生活中的重要性不言而喻。在分析了大脑的特征之后，我们再来看一下大脑的这个功能，即如果向大脑输入积极的信息，就能得出正面的结果；输入消极的信息，就只能获得负面的结果。

现在请思考：在你想到你的孩子时，你想到更多的是孩子积极的一面还是消极的一面？

我曾对来访的很多父母做过这个小调查，发现他们往往想到的是孩子消极的一面。例如，"我的孩子做的总是不如别人家的孩子""我的孩子很马虎 / 不细心 / 脑子不好用"等。父母会通过语言和非语言在不经意中流露出来对孩子的印象，这会给孩子带来负面影响，让孩子产生一种挫败感，认为自己无论做什么都不能让父母满意。

因此，当孩子情绪不佳时，父母要引导孩子清理脑中的"垃圾"。平时也要向孩子多传递正面信息，这样才能让孩子的内心更阳光。

☆ **相信自己会变得越来越好**

在美国著名的犯罪高发区俄亥俄州，有研究者针对小学六年级学生展开了关于"我的未来"的调研。五年后，研究者又对这些学生进行了追踪调查，发现他们的生活和当初调研中的回答基本相似。可见，对自己的未来抱有积极想法的人过着比较幸福的生活，而对自己的生活抱有消极想法的人则经常出入少管所。足以见得自我暗示有多重要。

法国心理学家、医生埃米尔·库埃（Émile Coué）说过："每一天，无论在哪个方面，我都会变得越来越好。"

不妨让孩子每天和自己进行正面对话，哪怕是写在记事本上也能给自己鼓励，让自己变得越来越好。

☆ 鼓励孩子做剧中的主角

"若想取得成功，就应先扮演成功后的自己。"这个道理显而易见，但实践起来却举步维艰。

面对目标，如果孩子不能很好地进行正面思考，那应该怎么办呢？请让孩子尝试和自己对话，想象自己已经取得了成功；把自己定位成表演者，在现实中扮演获胜者，并表现出强者的姿态。起初，也许这是一种有意识的行为，一旦进入角色，就可以自然地表现出胜利者的行为方式，从而给大脑传输积极信息，推动孩子实现目标。

人类的大脑愿意相信自己传达的信息，因此，一个总是想着自己碌碌无为的人，他的大脑也会忠实地相信这是事实，并甘于平凡；相反，如果一个人相信自己是优秀的，就会勇于尝试很多挑战。

在多年来的指导实践中，我们并没有遇到过真正"脑子不好用"的学生。遗憾的是，很多学生、父母把成绩差归因于脑子不好用、懒惰或其他消极的因素。这种错误的认知只能将孩子推向"差生"的行列。孩子也会把学习成绩不太理想归因于"脑子不好用"，从而为自己的学习成绩差找到借口，不愿进取和改变现状。**想法决定一个人的活法，有什么样的想法就有什么样的未来。**

☆ 给予孩子肯定和期待

在古希腊神话中,有一位名为皮格马利翁的国王,擅雕刻。他用象牙精心雕刻了一尊美女像,并深深地爱上了这个少女。他给她取名为盖拉蒂,每日精心照顾她。他还给盖拉蒂穿上美丽的长袍,经常拥抱她、亲吻她,真诚地希望自己的爱能被少女接受。然而,她仍然是一尊雕像。皮格马利翁感到很绝望,他不愿意再受这种单相思的煎熬,于是他带着丰盛的祭品前往阿弗洛狄忒的神殿,祈求女神能赐给他一位如盖拉蒂一样优雅、美丽的妻子。他的真诚期望感动了阿弗洛狄忒,便将这尊美女雕像变成了活人,皮格马利翁终于能娶其为妻。基于这个故事,人们将期望和赞美能产生奇迹的现象称为"皮格马利翁效应"(Pygmalion effect)。

1968年,美国心理学家罗森塔尔做了一项经典实验。他先对小学一至六年级的学生进行了一次测验,该测验名为"预测未来发展测验",实为智力测验。然后,在这些班级中随机抽取约20%的学生,并告诉他们的老师,这些学生"是潜力股,智商高,有望取得好成绩"。八个月之后,这些被随机抽取出来的学生的平均分数大幅上升,明显高于其他学生。

原因何在?最根本的原因就是,老师对这些所谓的"潜力股"产生了期望。尽管他们并不是智力测评中真正排名靠前的学生,而是被随机抽取出来的,但当老师被告知这些学生是排名靠前的学生时,就在他们的潜意识中产生了对这些学生的期待,并在言语或行动中传达了这种期待心理。学生正是受到了这种期待的影响,努力地学习,学习成绩也随之明显提高。这就是"皮格马利翁效应"在教育工作中给我们带来的反思和启发。

罗森塔尔的实验蕴含着这样的哲理：如果我们对每件事都持有强烈的期待，就可能发生奇迹。同理，希望每个孩子都能带着"一定能够成为优秀学生"的期待度过每一天。如果孩子对自己没有这样的期待，不妨试着在面对自己不感兴趣或成绩较差的科目时，有意识地跟自己说"我觉得数学很有意思，也很好理解""我喜欢英语课，单词和文章我都能很快背下来""我觉得语文课文很有意思，越读越有趣"。

同时，也希望父母毫不吝啬地给予孩子肯定和期待。就像当年参与"皮格马利翁效应"实验的老师一样，只有父母相信孩子的潜力，期待他表现良好，他才能对自己更有信心。

💡 大李有话说

何谓"成功"？当今社会对"成功"的定义有很多种。对于孩子来说，父母眼中的成功大部分体现在学习成绩和学习能力方面。然而，与以往专注于通过辅导班和家教来提高成绩相比，学习主体自身的作用却常常被忽视。其实，无论是在哪里学习、以何种方式学习，都是内因决定外因，即学习主体起到了决定性的作用。

处理好脑与心的协作关系，让脑与心协调发展，孩子就离成功不远了。

第 3 章 激发学习动机

要想学习好，就要找对理由和方法

案例

李文，男生，优等生。

来找大李咨询时，李文说他觉得学习无趣，并因此感到厌倦。

大李问他："你为什么学习？"

他不假思索地回答："为了考上重点大学。"说完，他可能意识到自己这么说不太合适，表情略显尴尬地补充道："其实……我从来没有认真思考过这个问题。"

问起学习的理由时，很多学生理所当然地就会想到"考大学"。如果它真的可以作为学习的理由，那么为什么还会有那么多学生感觉学习无趣呢？莫非，这个理由不够强大？

其实，寻找学习的理由需要一个过程。学生只有经历了寻找的过程，才能找到真正的理由，从而克服繁重的学业负担，让学习成为一件幸福的事。

遗憾的是，大多数学生都从未思考过自己学习的理由是什么。在这样的状态下，怎么会对学习产生兴趣？此时，学生会将学习视为一种义务，甚至一种苦役。

父母和老师常会对孩子说"你要是现在不好好学习，以后肯定会后悔的"，其实更建议换一种提问的方式："你先想想为什么要学习,并在一周后告诉我你的想法,好吗?"通过这样的思考,孩子会深入地了解自己的需求,提高自信,也能以愉悦的心情去学习。

关于"为何学习"的六个理由

上了初中后,很多学生都会感到课业压力突然加重,因此常常悔恨自己没有珍惜小学的时光。然而,时间无法倒流,与其悔恨,不如好好思考为什么要学习,以免自己再度没有好好珍惜中学时光。

在一档节目中,某著名笑星体验一名辅导老师的角色,他问学生们:"你们为什么要学习?"看着学生们面面相觑,他说:"学习就像铺高速公路,如果铺好了北京到广州的高速公路,那么你既可以抵达济南,也可以去上海。同样的道理,即使你现在没有梦想,但是只要铺好学习这条高速公路,那么一旦你找到了梦想,你就可以在高速公路上朝着梦想行驶了。因此,从现在开始就要好好学习,铺好属于自己的高速公路。"

我们依据多年指导学生的经验,总结出关于为何学习的六个理由,与大家分享。

☆ **理由 1:学习期是打造自己的个人品牌的黄金时期**

管理学大师彼得·德鲁克曾说过:"21 世纪的工作生存法则就是建立个人品牌。"

个人品牌就是指某人被相关者持有的较一致的印象或口碑。大到国家、企业,小到个体,品牌的效力是最为持久的,而打造品牌需要付出的时间和努力也是难以想象的。

三四十年前,人们初次见面时常问"你是哪个单位的",但在互联网时代,个人无须再依附某个集体,也不再追求"稳定的职位"。只要有真本事,你的研究、作品、经验等,完全可以成为你的品牌资产。

时代变了,如今的孩子都是未来人,他们将面临不同的世界。著名未来学家彼得·伊利亚德说:"今天我们如果不生活在未来,那么未来我们将生活在过去。"教育的目的是帮助孩子在未来的生活中寻求自己的幸福,如果我们现在的教育不能为孩子的未来奠定基础,那孩子在日后一定会被全新的社会所抛弃。

对于学生而言,要想成功地打造个人品牌,就要先了解未来需要什么样的人才。对此,很多学者都提出过不同的观点,大李比较认同哥伦比亚大学著名心理学家沃纳·伯克(Warner Burke)提出的"学习敏锐度"(learning agility)的概念。学习敏锐度其实是一种学习能力,是人们通过尝试新行为、获得反馈,并且快速做出调整以灵活应对新事物、新经验的能力;是在不知道如何做的情况下解决问题并学到新知识的能力。一般来说,学习敏锐度高的人有以下特点:

- 始终保持好奇心、不断打破边界、愿意以开放的心态探索未知领域;
- 愿意放下骄傲的心,能够公开示弱、真心寻求反馈,并对反馈做出积极回应;
- 愿意不断尝试新的学习方式,及时卸载固有能力程式,持续升级操作系统的人。

掌握这种能力，就能适应环境的变化，不断学习新知识，拥有开放的心态，快速接受新事物，打破固有的思考模式，对新旧知识和资源进行整合。

其实，这就是自主学习的能力。

当谈到未来时，人们常会感到不安，担心人工智能会让很多人失业。其实，在看到变化的时候，我们也要看到不变的东西。不管这个社会是如何变化和发展的，总有一些东西是相对稳定的，也是人工智能无法取代的。比如，高尚的品德、创新能力、学习能力、建立人际关系的能力等。

对于学生来说，学习能力是最为基础的。只有夯实了基本功，才能在此基础上发挥自己的优势，打造属于自己的品牌效应。万丈高楼平地起，树立自己的品牌并不是一蹴而就的，需要扎扎实实地打好基础。

青少年时期的主要任务是学习，这个阶段也是打造自己的个人品牌的黄金时期，要想让自己的个人品牌在未来社会竞争中获得更多的青睐，就要不遗余力地提高自己的学习能力。一旦错过了学习的黄金时期，打造个人品牌的时间就会相应减少，日后可能需要付出更多的努力来弥补。

☆ **理由 2：职业发展的需要**

我们在咨询中经常会听学生说，他们的梦想和学习没有多大关系，甚至可以不用学习就能实现梦想。

第 3 章　激发学习动机

> ✏️ **案例**
>
> 　　许浩，男生，梦想成为一名漫画家。他常说："只有在画画的时候，我才能感觉到真正的自由。"
>
> 　　正是因为许浩对漫画的喜爱，大李很想让他知道，为了实现成为一名漫画家的梦想，学习在现阶段比画画更重要。于是，大李专门为他安排了一次拜访某位著名漫画家的机会。
>
> 　　漫画家也认可大李的观点，并语重心长地建议许浩，在画画之前先要明白并做到以下几点：第一，组织故事情节需要有逻辑思维能力，因此学好数学很重要；第二，多读书以丰富想象力，尤其要多读一些文学作品；第三，如果想把自己的漫画推广到国外市场，还要学好英语；第四，要坚持写日记，提高编写故事的能力。

　　无论是哪个领域的成功人士，都会给晚辈这样的忠告："要好好学习呀！"例如，你是不是觉得数学和音乐这两个领域毫不相干？在世界顶尖的专业音乐学院——茱莉亚学院，将数学列为其必修课；"数学之父"毕达哥拉斯也是西方研究和声（五度相生律）的始祖；达·芬奇运用其高超的数学能力调整蒙娜丽莎面部的比例，画出了世人无法模仿的独特微笑。

　　随着时代的飞速发展，温饱已经不是大问题，学生的梦想也多种多样。受当下媒体宣传和舆论的影响，很多学生的梦想是成为歌手、演员或者网红。即使是做艺人，学生时代的知识积累和文化素养也是其职业发展能否长久的重要因素。

因此，无论一个人的梦想是什么，只有好好学习，才能在未来的职业发展中具备充足的竞争力。

☆ 理由3：做向日葵一样的人

提到向日葵，人们常会联想到"积极""阳光"等词语。那么，为何不试着去做一个像向日葵一样的人呢？

我们常认为"有学习动机，才能学习好"，其实在这句话之前还有一句"好好学习能激发学习动机"。好好学习，努力取得好的成绩，即使是微小的成就也会促使学生向往更高的目标，并在实现目标的过程中提高自信、提升能力。在此基础上，学生往往能够主动应对各种情况，让自己成为一个有实力又积极、阳光的人。比如，如果一个学生能说一口流利的英语，那么他一定能自信又主动地和外国友人对话。

父母和老师应多多鼓励孩子：为了活得更自信，为了像向日葵一样积极、阳光，好好学习吧！

☆ 理由4：能获得优待

学习好常会引人羡慕，也会得到多一些的包容和偏爱。

比如，两个学生犯了同样的错误，老师会对学习好的那个说"没关系，下次改了就行"；学习差的那个则可能会被责怪"你怎么天天这样，不长记性"。

我们在此举例并不是要让大家深究根据学习成绩给学生不同的待遇是否正确，只是想就这一普遍现象告诉学生们，要想得到你期待的待遇，就要付出相应的努力。

☆ **理由 5：构建优质的朋友圈**

人生会经历无数次的相遇，人际关系便在相遇中形成。人人都渴望构建优质的朋友圈，但并不是所有人都能如愿以偿。只有不断学习、具备优秀品格的人，才更可能维护与之相匹配的人际关系。

☆ **理由 6：获得经济独立**

学生很难深刻体会到学习与职业之间的密切关系。其实，学习的理由之一就是长大后能够从事有助于自己生活、有益于社会的职业。

几乎所有人都向往没有约束、自由的生活，但又有几个人认真地计算过自己每个月的生活费是多少呢？如果没有强大的经济后盾，那很难获得自由的生活。学生在上学时可以依靠父母，但长大后就不能再一味索取，不但需要养活自己，还要维持家庭的日常花销、赡养父母，实现这些的前提就是经济独立。

如何能让自己经济完全独立？这与职业的选择有着密切的关系。如果一个人能够选择一份适合自己也能养活自己的职业，其实是一件很幸福的事。希望每个学生都能了解自己的个性优势，努力学习，在自己喜欢的领域不断精进。

基础扎实，学习才能更自信

学习基础犹如高楼大厦的地基，一旦不牢固，高楼大厦便有可能随时坍塌。有的学生基础不牢，又怕被别人笑话，于是一味地解难题，这其实会导致他的成绩越来越糟糕。

案例

张明，男生，高二，成绩中等，英语较差。

张明跟不上学校的英语学习进度，上课时很难集中精力，于是他买了五本基础语法书在自习及课余时间同步啃。

大李问："为什么要买那么多本书同时看啊？"

张明说："我上课完全听不懂老师在讲什么，但又不能放弃学习英语，只好买这些书来自学。多买几本，一起看，进步可能会快点吧！"

大李从书中找出一段话，让张明读一读并解析一下，结果他读了半天也没有讲出个所以然来。于是，大李坚定地说："我建议你复习一下初三至高一的英语教科书，熟悉文章结构、背好单词。此外，在每次上英语课之前，都要好好预习一下新课的内容。"

几个月之后，张明的英语成绩显著提高，他也变得更自信了，其他科目的成绩也稳中有升。

学习基础差的学生将更多的时间用于学习方法或学习技巧，这并不是明智之举；相反，他们应更注重打好学习基础。即使是高三学生，如果数学基础非常薄弱，也要从基础知识开始反复练习直至完全掌握。例如，如果关于方程式、不等式等基础知识掌握得不好，那么他在学习指数方程、函数方程时就可能听不懂。

如果基础薄弱的学生已经下定决心开始学习，那么他们常常会因为学不会而失去信心，甚至会对学习失去兴趣。此时，应从易懂的内容开始，先找回自信心，并为后续的学习预热。以英语学习为例，如果一个学生掌握的词汇量不多，不能理解教材中的课文，那么不妨去看看易懂又有趣的书或报纸，边读边增加词汇量。大脑中的杏仁核掌管情绪的调整，海马体管理记忆，二者之间有很多神经连接。在感到有压力时，杏仁核会分泌代表否定情绪的物质，阻碍海马体发挥功能。如果学生能从自己感兴趣或觉得有意思的文章开始练习，就会产生愉悦的情绪，自然会有利于记忆。

此外，我们还建议阅读量不够的学生要多读书，如果时间不充裕，即使是多读教科书也大有裨益。读书不仅能增长知识，还能缓解学习压力，提高学习效率。

方法对了，学习才能更高效

既然学习如此重要，那么如何让学习成为一件幸福的事情呢？学习动机能激发学习的热情与能量，其重要性无须再强调。每个学生都想学习好，可为什么学习成绩还是存在差距呢？多半是学习方法的问题。

对于初学游泳的人来说，只是多多练习但不注重技巧是很难学好游泳的。背英语单词也是同样的道理，如果只是死记硬背，那么不仅效果不明显，还会让人心生厌倦进而对学习英语失去兴趣。如果掌握了方法和技巧，那么不仅效果会更好，还能从中体会背记的乐趣。

目前，谈及学习方法的图书有很多种，但是这些方法存在一个共同的特点——大部分方法只适用于特定的人群。因此，学生在使用这些书时，一定要提醒自己：有些方法未必适合自己。如果不加鉴别地采用书中的学习方法，那么往往更可能会导致失败。此时，若学习指导师介入,他就会全方位地分析学生的现状,针对其目前的状态建议其采用适当的方法。此外,学生还要知道,找到适合自己的方法也不是一劳永逸的,还需要不断升级。

> **大李有话说**
>
> 　　贯穿于学生学习的各个环节(预习、课堂、复习、备考、考试)的学习动机、学习方法、学习习惯等,通常被父母拆解得七零八散,导致学生要么只重视学习成绩,要么找不到学习方法,要么没有培养出好的学习习惯,要么不能科学地管理时间,总之,总是有不尽如人意的地方。其实,学习是一个完整的系统,缺少任何一个部分都会导致运行不畅。

态度积极,学习才能更有趣

　　才智与态度,哪个更重要?

　　社会上普遍存在这样一种观点:学习好不好,要看你是不是那块料。如果孩子学习不好,父母就会联想到这句话,然后感慨:"看来,你还真不是学习的那块料啊!"

　　才智往往被认为是学习成绩的决定性因素,但事实上,态度才是最重要的。即使你才智超群,如果态度很消极,也很难得到积极的结果。

　　提起学习,很多人都会想到老师、黑板、课桌、学生、书本、辅导班，随着科技的发展和网络的普及，还可能会想到网络课程。可是，这些就是学习的全部吗？不是的！有不少学生从小到大接受的都是填鸭式教育，结果，他们上大学后完全不会自主学习，从而失去了学习动力，对什么都提不起兴趣。

很多父母还会将"生活"与"学习"划分开，殊不知如果能让生活中的一些场景变为学习场景，孩子就能自然而然地将学习视为一种习惯。例如，在孩子小的时候，父母可以和孩子一边散步一边谈论天气，给孩子讲云和雨的关系、四季的变化。当学习与生活融为一体的时候，不仅能帮助孩子积累经验，更能丰富知识。

我们曾问过一些学习成绩好的学生，他们是从什么时候爱上学习的。有不少学生说："当我觉得是在为父母学习的时候，就觉得对学习提不起兴趣；当我觉得是在为自己学习的时候，就变得爱学习了。"

父母有没有反思过，为什么孩子会认为学习并不是为了自己，而是为了父母呢？

要想让孩子为了自己而学习，就要让孩子体会到学习的乐趣和成就感，养成自主学习的习惯。这样，孩子就无须父母的督促、施压甚至强迫，做自己的主人。

大李小调查：你的孩子为什么学习？

1. 被父母强迫，勉强去学习。
2. 为了让父母高兴而学习。
3. 为了得到老师的称赞而学习。

4. 因不想输给同学而努力学习。

5. 为了取得好成绩而学习。

6. 为了考上大学而学习。

7. 为了实现梦想而学习。

8. 觉得学习有意思而学习。

第 4 章

打好学习基础

- 孩子基础差,即使努力学,成绩还是没有提高,怎么办?
- 如何帮孩子提高记忆力?
- 如何帮孩子学会时间管理?
- 如何高效备考?

第4章 打好学习基础

俗话说，万丈高楼平地起。只有地基打牢了，抗风险能力才能提高。盖楼是这样，学习亦如此。很多孩子出现学习状态起伏不定、缺乏信心、听课不专注、放弃学业等，都与没有打牢学习基础有直接关系。常有家长说自己的孩子"不是学习的料"，其实是没有看清楚表象之后的真实原因。

案例

明明，男生，初二。

明明自称"英语恐惧症患者"，因为他对英语的厌恶已经到了近乎失控的地步。明明妈妈几乎是含着泪和大李讲述了明明学习英语的经历。

明明在上小学时并不讨厌英语，甚至可以说是很喜欢上英语课。然而，上初中之后，明明对英语的态度可谓判若两人。为此，妈妈请过好多位家庭教师，也换过多家辅导班，可明明的状况依然没有改变。更为严重的是，明明现在拒绝任何与英语有关的学习，可以说是彻底放弃了。只要妈妈提起学英语的事，明明就会无端地发脾气，母子关系也因此变得不再融洽。

其实，明明对英语的恐惧更多源于无法跟上语法学习的进度。初中阶段，英语的学习不再只是简单的对话，而是加入了一些枯燥的语法知识。刚刚上初中的孩子很可能不适应突然的转变，对英语学习的兴趣逐渐消失殆尽。明明就是如此，长此以往，索性放弃了。

在大李初次见到明明的时候，他根本不看英语书。对此，大李告诉明明："你相信吗？就算语法学不好，也未必学不好英语。"明明惊讶地看着大李，将信将疑。于是，大李建议明明不妨按照这两个要求试试：一是忘记语法，但要多读英语教科书中的课文；二是反复抄写课文。

从这一天起，明明开始按照大李的这两个要求学习英语。过了一段时间后，明明突然在某一天问了大李一个英语问题，让大李感到很惊讶，也很欣慰，因为这说明他已经慢慢恢复了对英语的兴趣以及学习英语的自信。在一次英语考试中，明明的成绩提高了不少，他的努力得到了验证。明明说，自己对英语不再恐惧了。

我们指导的学生大部分都是在努力地借鉴和使用已经成功的学生的学习方法，可是事与愿违，他们很快就会发现别人的学习方法不太适合自己，因此很难在此基础上培养良好的学习习惯。可想而知，这种感觉是非常折磨人的，如果持续积累这种灰心丧气的感觉，学生就会越来越不喜欢学习甚至是放弃学习。

为什么要打好学习基础

其实，学生只要找对适合自己的学习方法并坚持下去，就能取得好成绩。

根据多年的经验，我们有如下分享。

前提：高效利用课堂时间

在学生的学习时间中，所占比重最大的是学校的课堂时间。如果能在课堂时间内理解、掌握所学的知识并将其内化为自己的知识，就是最有效地利用时间。

如何高效利用课堂时间呢？需要做到以下几点：

- 集中注意力，认真听讲；
- 尽量在课堂时间做完所有的功课，该理解的理解，该背记的背记；
- 做好课堂笔记，以便提高回家复习的效率。

针对这一点，我们认为芬兰的教育体制是非常值得借鉴的。在芬兰，学校的课堂时间为每节课 75 分钟，其中包含听课的时间、理解背记的时间、完成作业的时间、同学之间互帮互助的时间。在课堂时间内，学生基本可以消化所学的知识，并在给同学讲解的过程中加深理解和记忆。这样安排，还会有充足的业余时间供学生自己支配，使学习成为一件让人快乐、幸福的事情。

过程：理解和背记概念

学习的内容之一就是不断积累和掌握概念。各门学科的各种概念都具备硬性的理解和背记指标。如何能牢牢记住这些枯燥无味的概念呢？

相信没有哪个学生会背不下来乘法口诀。对于知识的概念，我们也要像背记乘法口诀一样烂熟于心。根据我们多年的指导经验，如果问数学成绩差的学生一些数学公式，那么他们往往会记错或是背不下来。显然，这种结果是大家都不愿意接受的。

> **大李有话说**
>
> 很多学生上课走神，就是因为听不懂老师在课堂上所讲的内容，而听不懂的主要原因就是对基本概念的理解和掌握不够。如果基础持续薄弱，学习的差距就会逐渐增大，学习也会变成一种沉重的负担。

升华：夯实基础，提高自信

你的孩子对学习有信心吗？

如果你的孩子已对学习失去了信心，那么请让他重新从基础知识开始学习，体验学习的成就感。久而久之，会有助于孩子提高自信。

以学习数学为例。如果学生对初中阶段的方程式与不等式的相关知识模棱两可，那么上了高中后是无法学好指数方程、对数方程、无理方程的。如何弥补呢？最有效的方法是，复习与方程相关的基础内容。也就是说，回过头去，复习初中的方程式单元的基本原理并做好深化，就能有助于高中阶段的学习了。

学生应认清自己目前的水平，从基础知识开始复习，不仅能提高自信，还可以为下一步的学习热身。

如何打好学习基础

如何打好学习基础？基于多年的工作经验，我们总结出以下三个步骤，并介绍了相应的方法。

步骤1：巧妙背记

案例

小亮，男生，初一，背记能力不是很好。

在一次咨询中，大李问小亮："能不能把你今天在学校课堂上所学的内容写下来？"

小亮挠了挠头，说："呃……我怎么完全想不起来了呢，真奇怪啊！"

"是吗？你能把今天的课程表写出来吗？比如，你今天上的第一节是什么课？"

小亮想了好一会儿，才支支吾吾地说："政治？对，好像是政治。"

"好的，你在那节课学了哪些内容？"

"想不起来了，完全想不起来了。"

"那么，政治老师穿了什么颜色的衣服？"

"我记得他穿了一件黑色外套。"

"哦，很好，请写下来。"

小亮惊讶地问："可是，这和课上讲的内容没有关系啊，也需要记吗？"

"是没有直接关系,但也不能说完全没有关系,因为这些小细节能帮助你记忆。在你听课的时候,你的大脑不仅能记住学习内容,还能记住同一时间出现的事、声音、气味等。你要试着记住上课时发生的所有事情。"

为此,大李和小亮有这样一个约定:每次见面时,小亮都需要将当天上课的内容写下来,然后和大李聊聊。

为了记住更多的内容,小亮上课时变得更为专注。坚持一段时间后,他能记住的内容也逐渐增多了。

背记贯穿于学习的任何一个阶段。尽管当今很强调创新的重要性,但是如果没有扎实的基础知识,又何谈创新?背记在夯实基础的过程中功不可没。

如何做好背记?用好以下五个方法,背记不再难。

☆ **方法1:理解后背记**

是否完全理解,是影响背记的关键因素之一。

对于没有理解的知识,即使暂时能背记下来,也不会长久地留存于记忆的深处;相反,对于完全理解的内容,则能记得很长久。

有不少学生会因为急于掌握知识而只是囫囵吞枣地背记,却不在意自己是否完全理解。这样一来,背记的效果可想而知。更为严重的是,学生会觉得自己付出了辛勤的努力却总是不能记住,长此以往,会被严重打击学习的积极性。

以一页 A4 纸的内容为例，有效背记的流程是这样的：反复诵读，确认是否完全理解；理解后再去背记。学生在体验到这样背记的效果后，就会在日后自觉地先理解后背记了。

☆ 方法 2：熟读多写

案例

娇娇，女生，初二。

在这次考试中，娇娇的英语考得很糟，她为此感到很苦恼。

大李从英语教科书中随机选了一篇课文让娇娇读一遍。大李本以为，她对于已经学过的内容应该读得不错，但没想到，她读得磕磕绊绊，而且很多单词都不认识，还有一些语法也搞不懂。

大李又问了娇娇一些在初一学的语法和单词，她也感觉很陌生。可想而知，学习英语对她来说会是多么煎熬！

大李问："你为什么觉得英语很难？"

娇娇答："语法太难了，单词也记不住。"

大李深知，这其实是大部分初中生都有的感受。语法枯燥难懂，单词也不容易背记，阻碍了他们学习英语的脚步。

大李说："其实，就算是你不懂语法，也是可以学好英语的，你想试试吗？"

娇娇瞪大了眼睛，情不自禁地说："那怎么可能啊？老师总是强调语法很重要，一定要弄明白！"

大李笑笑说："语法固然重要，但你也需要弄明白，英语和汉语一样，也是一种语言，只要你经常使用它，自然就能理解它的语法了。从现在开始,你要增加英语的使用次数,也就是说,要多读课文。"

"读多少才可以呢?"娇娇半信半疑地看着大李。

"简单地说,就是天天读、天天写课文。具体地说,就是要先熟读,然后把课文抄下来,这样有助于你熟记单词和语序。因为你觉得英语很难,所以刚开始时不用在意学习量,做好就行。"

"哎,好麻烦啊……"娇娇立刻泄了气。

"的确,要做从来都没做过的事肯定会让你觉得麻烦。可是,如果你不这样做,就很可能要去辅导班补习了,你更愿意选择哪种方式呢?"

"那……我试试你的方法吧!怎么开始呢?"

"首先,你要熟读课文,读课文时我可以帮你。会读了,每天抄写一遍。抄写能帮助你集中精力,也能帮助你掌握更多的单词。这个过程要和学校同步,也就是说,在学校学的是第几课,你就要抄写第几课。当然,在这期间我也会协助你复习之前学过的课文。"

"今天就要开始了吗?"

"是的,翻到今天所学的内容读一读吧。别管对错,只是大声读出来,这样我才能给你纠正。"

就这样,大李开始了对娇娇的英语指导。娇娇每天都重复着读、抄写。一段时间以后,娇娇对大李说:"老师,我还要背背单词。"

"为什么?"

"读着读着,我就想知道单词的具体意思了,有些地方好像也弄明白了。"

第4章 打好学习基础

"那现在我们来测试一下你对单词的掌握程度如何?你先用10分钟来背一下单词,稍后我来考考你。"

看到娇娇的进步,大李感到很欣慰。像娇娇这样的学生,强迫她或是直接把她送去辅导班只会让她产生反感的情绪,而且事倍功半。最有效的方法是,从基础开始慢慢学习,帮助她逐渐恢复对英语的兴趣和自信心。

两个月后,娇娇对大李说:"我最近写得多了,我感觉我已经能尝试背诵了。"

"那我们试着背背课文好吗?"

"课文这么长,有什么背诵的窍门吗?"

"当然,我们分段慢慢来。今天就只背这三行,怎么样?对于这三行,我们也不是一口气就要全背下来,而是先背第一行,再背第二行,然后背第一到第二行,接着背第三行,最后再将第一行到第三行全都背下来。这样一来,第一行等于背了几次?"

"好像是三次吧?"

"是的,让我们来按照这种方式开始吧!"

就这样,娇娇开始背诵课文,到最后她能背诵全部课文。从中体会到成就感的娇娇,学习动机增强了,考试成绩的提高也在情理之中了。

人类的记忆在某些情况下会表现出超强的能力。不管是文章、语言还是场景,甚至是味道和气息,因为大脑受到了强烈的刺激就会记住这些信息。因此,如果希望大脑长期记住某些内容,不妨

在看书（视觉刺激）的同时，再给大脑其他的刺激。

熟读多写这个方法尤为适合背记文科的知识。熟读，不仅有助于学生理解内容，而且大声地读也能给大脑带来声音刺激；多写，不仅能让学生在书写的过程中集中精力，还能帮助学生掌握更多的知识。

☆ **方法3：给别人讲解**

听讲解、查找资料、聆听他人的经验等，都能有助于理解。在此，我们还想给学生们推荐一种更有效的方法——当老师，去给别人讲解。

为什么这么说呢？这是因为每个人在给别人讲解之前，都会想尽办法地充分理解相关的知识，而且给别人讲解的过程，也是加深自己的记忆的过程。

我们曾认识一名学生，他的其他科目成绩都很好，唯独数学成绩差。为了提高他的数学成绩，班主任老师给他布置了一项任务：每天早自习给同学们讲解数学题。为了完成这个任务，他必须认真准备讲义。虽然准备的过程很辛苦，但经过一段时间后，他的数学成绩显著提高。

因此，学习时不要把目标只定位在自己能够理解的高度，更应定位在能够给他人讲解的高度。如果还无法给别人讲解，就说明学得还不到位。

☆ **方法4：眼睛也要参与背记**

眼睛不仅是心灵的窗口，更是背记的工具。科学实验证明，在背记文章的过程中，以图表或图片（照片、插画）为载体，背记的效果会提高两倍。如果根据背记的内容将其画下来，记忆的效果就会更好。

人的右脑又被称为图像脑。左脑的语言只会对身体造成微弱的影响，而右脑的图像一旦与身体组织、器官、细胞交换了信息，就会让身体发生一些变化。这时，图像使用的是不同于语言的神经回路，是非语言的通信媒介，会对深层的潜意识带来很大的影响。与意识相比，潜意识对身体的影响更大。刺激右脑的图像正是灵活利用了这种深层的潜意识。图像训练可以培养属于深层的潜意识的右脑记忆。学生只要开启并使用右脑记忆回路，背记的效果就会异常明显。

☆ **方法 5：把自己当作历史事件中的主人公**

我们在与学生打交道的过程中发现，很多学生都会抱怨历史知识很难背，那些历史事件、朝代更迭、历史人物常会让他们感到头晕目眩。如何才能有效地背记历史知识呢？

在背记历史知识时，不少学生都倾向于选择按照朝代更迭的顺序来背记，但历史链条极为庞大，在背记的过程中，非常容易遗忘其中的一环。其实，背记历史知识的方法还有很多种，不妨试试以下两种方法。

- 将历史知识分为几大版块，如治理政策、对外关系、货币制度等。不同版块对应不同国家或朝代的相关历史事件。
- 针对历史人物和历史事件，充分利用右脑成像的功能将历史事件还原，把自己想象成历史剧中的主人公。以三国时期的历史事件为例，可以想象自己就是刘备或曹操，正在经历着赤壁之

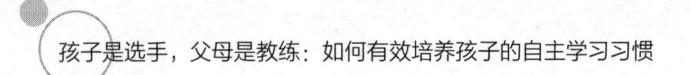

战。为了将历史人物演绎到极致，就一定要将相关的历史事件牢记于心。这样一来，背记不仅更有趣，也能记得更牢固了。

如果你能熟练掌握上述五种方法，那么请注意，背记还没有结束。还需要掌握以下两个关键点，才能有效巩固记忆。

☆ 关键点1：利用好睡前的半小时

美国著名心理学家詹金斯博士做过一个很有意思的实验。他把平均分数差不多的学生分成A、B两个组，给他们讲课，然后让A组学生马上睡觉，让B组学生自由活动。第二天一早，研究人员测试了两组学生对讲课内容的记忆情况。结果表明，A组学生的平均记忆量达到了56%，而B组学生的平均记忆量仅仅为9%。

实验表明，人在睡觉前半小时左右的记忆力比平时高几倍。有的人要是没有把计划中的事情做完就睡不着觉，这种习惯被称为"睡觉意识"。善于利用"睡觉意识"的人，记忆效果通常很好。有些学校已经开始利用这个原理，采用"睡眠学习法"来要求学生在每天睡前回想当天学习的内容或是需要背记的内容。已有结果证实，坚持"睡眠学习法"的学生的成绩有了明显的提高。

☆ 关键点2：抓住"9小时"这个时间点

背记是从遗忘开始的。因为会遗忘，所以平时请注意忘记不想记住或者不用记住的事情，为有效记忆保留足够的空间。心理学家艾宾浩斯提出了遗忘曲线：假设学习后保存在大脑中的信息量为100%，那么在20分钟后、9个小时后、6天后保存的信息量分别为58.2%、35.8%、25.4%。

由此可知，初次背记之后的遗忘率最大，之后慢慢变小。也就是说，随着时间的流逝，遗忘的量会逐渐变小。

请注意"9 小时"这个时间点。如果在背记后 9 小时内复习，就会取得很好的效果。

因此，尽量把当天学习的内容在当天内消化掉，诸如课间复习、作业、课堂回放、笔记复习等，都是有效的复习方法。

> **大李小调查：你的孩子背记情况如何？**
>
> 1. 有自己的一套背记方法。
> 2. 平时背诵的内容在考试时仍能记得。
> 3. 能特别努力地背记老师强调的内容。
> 4. 对感兴趣的科目背记起来也容易。
> 5. 使用自己做的"背记卡"去背记。
> 6. 背记时能保持专注。

步骤 2：做好时间管理

案例

小米，女生，五年级。

就要放暑假了，小米和同学们都满怀期待，希望能度过一个丰富多彩的假期。然而，妈妈则对此感到很焦虑，一心想着"可不能像上个寒假那样，每天只想着电视、网络游戏，无心学习"，于是给小米报了四个辅导班。

得知妈妈的决定后，小米心里又气又委屈，觉得美好的暑假就要泡汤了。看着小米一脸不高兴的样子，妈妈也生气，但真觉得不能再让小米浪费时间了。于是，母女俩来找大李。

大李听完两人的叙述后，说道："经过一个学期的学习，孩子的确该好好休息了，我很理解小米想要休息的心情，也希望妈妈能理解。同时，我也理解妈妈的心情，妈妈担心小米如果只是一味地休息，会变得懒散，降低对学习的热情。其实，假期不仅仅是为了让孩子获得休息，更是让孩子利用这段时间来调整自己，并去做一些自己感兴趣的事情。只要有效地安排时间，就能让假期变得充实。也就是说，妈妈和小米可以根据小米的实际情况来共同制订计划，合理安排学习、娱乐和休息的时间。"

母女俩觉得大李的建议不错，决定试试。

每天对每个人来说都是一样的，24小时，不多不少。

学生时代弥足珍贵。这是专注于学习的阶段，一旦虚度，就等于放弃了对自己来说最重要的机会。学习时间有限，要是看着孩子浪费时间，父母就会非常焦急。做好时间管理对于青少年很重要，因为这不仅有助于提高学习效率，还能帮孩子养成良好习惯。

哈佛大学有研究者曾用15年时间，对该校1600名学生进行了共同点调查。调查结果显示，善于时间管理的学生无一例外都取得了成功。

那么，什么是时间管理？所谓时间管理，就是为了达到某个目标，有效地利用有限时间的方法。时间管理的核心是寻找目标和希望。只要按照既定的目标，依照事情的重要程度去完成，就不会成为时间的奴隶，并能实现预期的效果。

☆ **根据目标做细化且具体的时间表**

有效的时间管理始于发现不良习惯和设定目标。为了实现目标，要果断摒弃行动散漫、上课打盹、沉迷于网络游戏、明日复明日等不良习惯，要把宝贵的时间用到有必要的、有价值的事情上。有些学生之所以没有认识到时间管理的重要性，归根结底就是因为缺乏梦想和目标。有梦想和目标，并愿意为之而努力，是做好时间管理的关键。例如，如果想成为一名外交官，就要了解外交官需要具备什么素质、需要学习什么专业、需要取得什么样的学习成绩等。可以据此绘制一个时间框架，制订与自己的希望和目标相关的、具有现实意义和可行性的计划。诸如"每天练习英语听力""每天下午4点到5点解数学题"这样的计划是没有意义的，而应把一天的计划细化到几个问题、几个小单元等。如果没有完成计划，就要记录是哪些因素导致了计划没有完成。

☆ **签订时间管理合同书**

如今，父母常常是管理"双人时间套餐"，即不仅管理自己的时间，还代管孩子的时间。尽管这在短期内会有一定效果，但从长远发展来说是不利的。父母需要和孩子签订一份时间管理合同书，其内容包括：为了实现孩子的目标，父母需要提供什么样的支持；完成目标时，父母需要提供什么样的奖励等。这并不意味着父母撒手不管，而是要对孩子进行有必要的引导，以确保孩子能管理好自己的时间。这个过程不仅可以增进父母和孩子之间的信任感，还可以激发孩子的学习动力。

孩子如何管理时间，才能符合时间管理合同书的约定呢？

第一，利用好碎片时间。面对沉重的课业负担、薄弱的学习科目时，常有孩子因觉得时间不够用而抓狂。对此，他们会想尽办法挤时间，如缩短睡眠时间、用听网课替代去辅导班以节省往返时间等。其实，他们是没有利好用碎片时间，如在回家的路上和同学嬉戏或是望着窗外的风景发呆；在课间小憩或只顾着吃零食。有效利用碎片时间，能让人感觉时间变多了，具体做法举例如下：

- 随身携带一个袖珍小本子，事先在本子上写下概念、公式、单词等，有空时拿出来看看；
- 将英语听力内容导入手机中，反复听，可提高听力；
- 利用睡前的半个小时来背记英语单词；
- 在睡前通过读自己感兴趣的书来放松，养成阅读习惯；
- 课间休息时间，因环境嘈杂故不适合深度背记，建议快速回顾上节课学过的内容，也可以浏览下节课将学习的内容。

💡 大李有话说

虽然利用好碎片时间有助于学习，但切忌在一开始就把时间安排得很满，制订超负荷的计划。有效利用 60%~70% 的碎片时间，实践起来会相对轻松一些。

第二，不要被辅导班牵着鼻子走。有不少孩子都在外面上辅导班。我们在此将不再赘述上辅导班的益处，但令人担心的是，如果孩子过度依赖辅导班，而没有时间整理和复习，学习的效果会好吗？有些孩子甚至认为，只要上了辅导班就等于做了很多功课。其实不然。

我们有必要提醒学生：不要被辅导班牵着鼻子走，即使上课外辅导班，也要增加独自学习的时间，制订属于自己的学习计划，均衡各科目之间的学习时间，复习学过的内容，并预习第二天将要学习的内容。

第三，保证睡眠时间。高中生在面对繁重的学习任务时，总想通过缩短睡眠时间来学习。不过，无论怎么缩短，至少要保证有规律的六小时高质量睡眠，因为睡眠对体力、注意力、精神压力等都有着直接的影响。如果因为睡眠不足而无法在课堂时间集中精力，那将是得不偿失的。

> **大李小调查：你的孩子在时间管理方面能做到以下几点吗？**
>
> 1. 每天都能很有规律地安排学习时间。
> 2. 考试准备时间很充裕。
> 3. 能对学习时间做整体规划。
> 4. 能将一天之中的大部分时间都安排在学习上。
> 5. 能有效利用碎片时间学习。
> 6. 能按照学习科目的重要性来安排学习。

步骤3：高效备考

案例

小瑞，女生，初二。

拿到期中考试成绩单的小瑞，心情差到极点。她自责道："如果平时能按照计划做就好了，也不至于在考试时，脑子突然变得空空的，什么都想不起来。"

在事后反思时，大李问："小瑞，你认为自己在考试准备方面存在哪些问题？"

"准备时间没那么充足。"

"你准备了多长时间？"

"两周前就开始准备了，但总还是觉得时间远远不够。"

"你认为多长时间才充足呢？"

"感觉至少要准备三至四周。"

小瑞的苦恼具有普遍意义。很多学生都会像小瑞一样，在考试之后感到后悔不已。

试问，如果没有考试，恐怕很多学生都不会如此认真吧？考试作为检验学习成果的有效工具之一，其有效性不仅体现在考试成绩上，还体现在学生在成绩背后的很多习惯和方法上。

成绩优秀的学生，难道真的是记忆力和智商超高吗？当然不是，他们是有应对考试的"策略"的。

我们经常和不知道如何高效备考的学生分享优等生是如何进行考试准备的。

考试其实是以不同的方式充斥于人生的每一个阶段中。考试的真正价值不是将学生划分成三六九等，而是确认学生对前一段学习内容的掌握程度。作为学习过程中不可或缺的一部分，考试担当着检验学习效果的重任。如果学生想把平时努力学习的结果有效地呈现出来，就要有严谨的应试策略。

学习成绩优异的学生与其他学生有什么区别呢？其他学生往往以临时抱佛脚的态度来备考，这就会导致他们在开考前，考试范围内的内容还没复习完；对概念只是不加理解地死记硬背；答题过程中，不是跑题就是做错。然而，成绩优异的学生通常在考试之前三周左右就会拟订考前计划，这是高效备考的起步阶段。

☆ **制订考前计划**

如上文所述，考前计划通常在考前三周制订，我们将按照时间顺序来为大家介绍不同时间的计划重点。注意，计划的前提是可执行性。

首先，在考试三周前，先要确立目标，切合实际地设定各科目的目标分数和总分，以及目标名次。

其次，收集与考试相关的信息。最可靠的信息源来自任课老师。无论是在平时还是在考试三周前，都应把老师在课堂上讲的内容完整地记录下来。考试范围不会超出老师讲课的内容，尤其是老师特别强调的部分。因此，要充分利用课堂时间，为考试做好准备。考试之前，老师发给学生的印刷资料要单独整理，因为其中有不少内容都可能会被变为考试题。

最后,不要刻意区分上课时间和复习时间,能在上课时间完成的就要尽量完成。

在这一周的备考中,应以语文、英语、数学等主科为主。学习主科时不要太抠细节,而是要通过多次认真阅读掌握教科书的整体方向。只要掌握了方向,就能把详细内容有机地联系起来,这更有助于理解和背记。

完成一周的学习计划后要进行自我反省,包括确认计划完成的程度,如果没有完成,就要分析没有完成的原因,并制订下周的学习计划。

在考试两周前,如果上周的学习计划已经完成,就要在本周做主科的习题集并开始复习需要背记的科目内容,同时应注意管理好计划进度。由于考试日益临近,如果制订的学习计划超出了自己的能力范围,就会影响学生接下来的备考状态,因此有必要调整复习的速度。

在做主科习题时要注重质量。哪怕只做一道题,也要注重细节并保证正确率。可准备一本专门的错题本,记录错题并分析做错的原因。如果觉得这种方法麻烦,那么还可以在习题集中的错题处标注,针对错题重复做两三次,直到彻底弄明白后再做下一道题。

> **大李有话说**
>
> 人们会习惯性地认为第一次做出的答案是正确的并在记忆中扎根。因此,应重复去做第一次做错的题,直至整理出正确答案。养成这种习惯,将有助于在考试中采用正确的解题思路。

准备背记科目时,可把各个小单元的概念依次抄在笔记本上。完全理解后,再打开笔记本,按照自己的思路将概念重新写下来,然后与教科书和课堂笔记的内容进行对照,如有遗漏,就补充进去。经过这样的整理,就能将概念深深地印入脑中。此外,学生还可以开发适合自己的背记方法。例如,根据主要概念的第一个字背记或是以年代为顺序背记。

还要注意的是,增加学习时间固然重要,但是保持最佳状态同样不容忽略。学生应确保充足的睡眠时间,如果晚上学得太晚,白天上课时就很难集中精力学习,这样就得不偿失了。

考试一周前,要着重做实战准备。应有针对性地做一些预测试题或是把背记的内容以向别人讲解的方式说出来,并进行一次全面整理。翻看错题本,避免在考试过程中犯同样的错误。有的老师可能会这样建议:"将反复整理的核心内容抄写三遍,就能在考试中得高分。"的确,这会对理解和背记带来很大的帮助。

考试前一天,压缩整理一遍简要笔记。在A4纸上整理核心内容和简要说明,进入考场前再看一遍。答过的题也要再粗略地过一遍,以唤醒答题的感觉。考试当天,利用休息的时间认真读简要笔记,有利于强化记忆。

☆ **如何准备叙述性问题**

随着教育体制改革的不断推进,叙述性问题的比重日益增加,在高考试卷中体现得尤为明显。在叙述性问题中,题干往往由大量的文字构成,并要求学生以叙述的方式回答。与简答题相比,叙述性问题更像是节选多篇文章而产生的,这足以表明考试内容的多样化及对学生能力考查的重视程度。

叙述性问题不仅需要学生具备扎实的知识基础,还需要学生具备分析能力、综合能力和逻辑推理能力。这类问题往往比较生活化,不再是简单地背记单一学科知识就能解决的。要答好这类问题,学生不仅要有丰富的形象思维,还应具备缜密的逻辑思维。例如,在一道高中物理题中,涉及一只狗从一个雪橇上跳下,跳到另一个雪橇上,如此反复,考查学生对力学知识的把握。这道题就要求学生能将形象思维与逻辑思维有机结合。

为了更好地解答叙述性问题,学生需要在学习的过程中做到:(1)关注单元的目录、核心概念、学习目标;(2)在教科书的基础上把老师重点讲解的内容写出来。尤其重要的是,要以教科书为中心掌握各单元最基本的概念,重点关注单元的标题。例如,学校为了评估学生对"工业化带来的城市问题"单元的理解程度,就会稍加变形出一道类似于"请列举三个事例叙述工业化过程中可能给城市带来的社会问题"的题目。因为单元标题本身就是关键词,所以答题的关键包含其中。归根结底,叙述性问题的答案终究不会脱离教科书和课堂之上老师所讲解的内容。

关于叙述性问题,即使是学习很认真的学生,也有可能会做不好。为什么呢？这与叙述性问题的答题技巧和语言表达能力有关。叙述性问题通常要求以类似小论文的形式来解答，如果学生的语言表达能力有限就很难做好。因此，平时关于这个方面的练习至关重要。学生在掌握了知识的核心概念的基础上，还要用自己的语言有逻辑地表达出来。另外，学生需要有意识地将相关领域、相关知识进行关联，提高综合能力，让答案更为完善、精彩。

☆ 如何选择备考书籍

在备考阶段，学生对参考书倾注的热情往往远高于教科书。然而，参考书看得越多，越可能适得其反。要记住，教科书才是考试命题委员会出题的标尺，考题范围就在教科书之中。如果能将教科书"嚼烂"，面对考试时就无须忐忑不安了。

除教科书外，参考书和习题集各做一本就够了。应以教科书为中心，在完全弄懂基本概念、解题思路后，再看参考书加以补充。至于习题集，最好选择自己的准确率能达到70%左右的。如果选择的习题集难度太高，就可能会在中途放弃，这对于学习没有任何帮助。

在备考阶段，一定要先回顾一遍老师在课堂上强调的内容，然后再把教科书、参考书、习题集中答错的题重做一遍。

☆ 制作一本集成书

学习不是单纯的背记。学习的基础是理解与构建理论的框架，然后把背记的知识逐个放入框架中。学习的方法也一样。然而，大部分学生采用的是"在学校借助教科书听课，用习题集自习，回到家利用网课复习"的方式。这种方式只不过是在重复"构建框架再打破框架"这一无谓的过程。没有固定的框架，背记的知识就会找不到存储的位置，加速遗忘。

理想的学习方法是，先用教科书作为基础，完全理解之后，再与其他参考书或习题集做比较，针对不足的知识点加以补充，从而将所有的核心内容整合到一起，形成自己的集成书。在学习任何一门科目的时候，都一定要把这个科目的集成书放在手边，反复查看集成书就能有效整合和背记知识。

此外，如果能把经常出现的地图、图表单独整理成册，就能达到锦上添花的效果。

☆ **考场上的策略**

我们在与学生打交道的这些年，常会被问到一个问题：如果在考试中遇到不会的题，是要坚持做出来，还是先跳过去？

在一项研究中，研究者把实力相当的学生随机分成 A、B 两组，并让 A 组学生做低难度的题，让 B 组学生做高难度的题。结果可想而知，A 组学生很快就做出来了；在 B 组中，有些学生勉强做出来了，有些学生则没有做出来。然后，研究者让这两组学生答难度适中且相同的题。结果是，相对 B 组，A 组学生的成绩好很多。

韩国教育电视台也做过一项实验，他们给数学成绩好与相对较差的学生同样的三道题。第一道题是高难度，第二道题、第三道题是低难度。结果，成绩相对较差的学生答对了两道题，成绩好的学生连一道题都没答对。原因是，成绩好的学生纠结于第一道题，并在此用尽了考试时间；相反，成绩较差的学生，因为第一道题太难，果断地跳到了难度低的后两道题。

由此可见，先做容易的题，学生能更好地发挥实力，因为成功的经验有助于学生在考试中取得好成绩。

> 💡 **大李有话说**
>
> 到底什么方法更适合你？这只能通过实践来验证。或者说，学生应基于对自己的了解，自行决定采取什么样的方法。不过，无论你是什么类型，都建议你先解答容易的题，再解答有难度的题。

☆ **考试之后，认真写总结报告**

有研究者发现，如果让小学生再做一遍错题，那么大概有30%的学生仍然会做错。

也有不少学生和父母在咨询中都问过我们这样的问题：为什么做错题后，听完老师的讲解完全理解了，可再做一遍的时候还是会错呢？

因为如果人相信错误的知识或经验，就会产生错误概念，即使平时纠正过来，但是一遇到考试这种紧急的情况，根深蒂固的错误概念也会再次出现。再深入点说，学生反复出错的根源在于对知识掌握得不牢固。这样的学生通常只会背记解题步骤，试题稍有变动就会出错或是不会做。因此，学生在学习的过程中，要以正确的概念为基础筑造知识之塔，不为错误的概念留立锥之地。

以学数学为例。学生在听完讲解或看过参考答案并完全理解后，应把书本合起来，从头到尾再做一遍。在这个过程中，找到错误之处并修正是很重要的，能避免重复犯错。

例如，解三角形习题时，如果不太清楚"任意两边之和大于第三边"这一原理，只是凭"最长的边有可能大于另外两条边之和"的错觉去解题，就永远都解不出来。这时，应该先搞清三角形三条边的关系和两点之间的距离关系再去答题，就能发现自己错在什么地方了。因此，找出错误概念的训练是非常有必要的。此外，在重新做题时，不能只满足于一次正确，要多做几遍，直到完全掌握为止。

对于没有完全理解的知识，要从中找出错误概念，并用正确概念取而代之，这样不仅能记得牢固，学习也会充满乐趣。学习成绩优异的学生的共同特点之一，就是能明确区分自己已知的内容和未知的内容，并积极主动地去学习、理解未知内容，而不是简单地一带而过。如此反复，必然能扫清错误概念。

此外，考试不是偶尔进行的。每个学期都有月考、期中考试、期末考试、模拟考试等。学生的自身实力在备考的过程中会不断增强。等结果出来时，如果取得好成绩也不要骄傲，如果成绩不理想也不要沮丧。只要能积极地分析考试结果，清醒地认识到自己的优势和不足，完善不足的知识内容，就能提高自身实力。

失去学习信心的学生，不妨按照以下步骤进行自我反馈，重拾信心。

第一，反思在这次考试中，是什么原因导致了某些科目成绩差？是这次考试的试题比上次考试难，还是在备考时，对这门科目准备得不够充分？考试后，要与上一次的考试做对比，具体写下在本次考试中的得与失，这样才能清楚地知道哪些地方需要继续保持，哪些地方有失误，需要改善。

第二，考试计划是否合理？要反思是否系统化地制订了考试计划、考试计划是否合理、是否认真地实施了计划、学习是否到位等。反思结果将有助于制订下一步的学习计划。

第三，是否按照计划实施？回顾备考期间和考试期间的生活方式，反思自己是否远离了手机、电视、电脑等会影响学习的因素。如果有，就要想好对策，以免在下次考试时犯同样的错误。

第四，如何改进薄弱科目？针对本次考试中得分最低的科目，认真分析考试难度和答错的地方，并思考具体的改进措施（如做10道同类型的题、上课之前要预习等）。

第五，为下次考试设定目标并制订相应的学习计划。基于对本次考试的反省，为下次考试设定目标，并思考类似这样的问题：哪些方面需要改正？为了达到更高的目标，我能做什么？把这些具体内容写进学习计划，选择最想提高成绩的三个科目作为战略性科目，对其制订相应的学习计划。有了清晰的目标和计划，上课和备考时就能更为专注，自然就能取得好成绩。

大李有话说

考试并不只是意味着在考场上解答考卷的时间。考试成绩体现出了学生进行一项专项计划的执行程度。要想取得好的成绩，就要付出一番心血。

考试是对学习效果的检验，也属于学习的范畴。如果学生只是为了考试而考试，并将考试与学习拆分开，就一定要转变观念。

> **大李小调查：你的孩子在备考期间能做到这些吗？**
>
> 1. 考前会一直复习课堂上学习的内容。
>
> 2. 解答前会坚持读完问题。
>
> 3. 备考期间会制订复习计划。
>
> 4. 备考期间会按科目的重要性来安排。
>
> 5. 备考期间，把之前出过的题、自己做错的题都重新做一遍。
>
> 6. 能预测考试会出的题。

第 5 章

培养阅读好习惯

- 为什么阅读会直接影响学习成绩?
- 当你带孩子去书店或图书馆时,通常是由谁来当主角?
- 常用的阅读方法有哪些?
- 你平时爱读书吗?你家是否制订了家庭读书计划?

第 5 章　培养阅读好习惯

知识更新换代的速度越来越快，终身学习的时代已悄然而至，阅读是汲取知识最基本的手段，也是自主充电最有效的学习方式。阅读是改变自己、促进成长的一种有力手段，但是很多孩子都没有阅读的习惯，不少学校的阅读室利用率也不是很高。

案例

娜娜，女生，小学四年级。

期中考试结束后，娜娜来找我。一进门，她就激动地说："大李老师，我的平均分提高了 10 分！"

"太好了，恭喜你！功夫不负有心人啊！"

"不过，其他科目的成绩都提高了，唯独语文成绩下降了。"

"为什么会下降呢？你上学期的语文考试成绩不是挺好吗，我记得是全班第一吧？"

"没错，上学期我按照您的要求，结合学校进度看了不少课外书。我以为我语文没问题呢，就在这个学期忽视了阅读，没想到……"娜娜有些沮丧地说。

"哦，看来是因为你对语文有所放松了，对吗？那么，接下来你打算怎么做？"

"还得踏踏实实地遵照您教给我的方法，注重阅读。"

"你在这次考试中，英语考得怎么样？"

"英语考得不错，成绩提高了很多！谢谢您告诉我要多背记课文，真的很有用！"

在接下来的学习中，娜娜针对自己的现状调整了学习方法：语文方面，坚持课外阅读；英语方面，继续背记课文；数学方面，反复解难题；其他学科，跟着学校的进度，边复习边做题。

有研究者发现，中学生的学习成就度中，阅读能力所占比重分别为：语文占 33.35%，社会占 29.8%，英语占 28.95%，科学占 27.7%，数学占 22.6%。

阅读能培养人的思考与逻辑表达能力。有研究结果表明，在数学成就度方面，阅读能力较强的被试高于阅读能力较差的被试。数学题不仅仅有简单的计算题，还包括需要理解内容的叙述类问题，如应用题，此时更需要学生具备阅读能力。此外，看似与阅读能力无关的社会、科学等课程，其实也要具备良好的阅读能力才能取得好成绩。

前些年曾流行一句话："学好数理化，走遍天下都不怕。"与这些科目相比，语文似乎显得没有那么重要。然而，这样的想法是不对的。

之所以要强调语文的重要性，是出于以下原因。

- 所有的教科书均以语言为载体编写。
- 学习语文，不仅能培养学生的阅读能力，而且能帮助他们储备词汇量。无论做哪个科目的试题，如果不能准确理解题意，就只会与正确答案渐行渐远；如果没有词汇量的积累，就无法理解问题的精髓。久而久之，学生会渐渐丧失自信和对学习的兴趣，甚至是放弃学业。

第 5 章 培养阅读好习惯

语文不仅是一门学科，更是阅读的基础。上好语文课、学好语文基础知识，有利于学生积累词汇、提高理解能力和逻辑表达能力。

小学阶段是夯实学习基础最重要的阶段，也是培养良好的阅读习惯、提高阅读能力的关键期。抓住这个阶段，将有利于后续阶段的学习。

> **大李有话说**
>
> 如今，阅读日益被重视，尤其是到了"世界读书日"（4月23日），各路媒体都会大力宣传报道，线上线下也会有各种各样的读书会。对于公众来说，这样的"读书"到底只是一种潮流似的跟风，还是真的能召唤更多的人爱上阅读，还有待时间的考证。不过，对于学生来说，多阅读是提高学习成绩的不二法门。

提高阅读能力之"五行"法

案例

晓敏，女生，高一。

就要考试了，晓敏感到很苦恼，因为她的历史成绩一直都不太好。

晓敏沮丧说："大李老师，看来我这次考试得放弃历史了，还有不到一周就要考试了。"

"我看你平时语文成绩挺好的。你有没有想过，为什么历史学得不好呢？"

"我也想不通呢，反正历史挺难的。"

"你现在知道考试范围吗？"

"不知道。"

"你是怎么复习语文的呢？"

"我看了一遍教科书，还做了习题集。大李老师，您怎么总问我语文的事啊？"

大李笑笑说："因为这些科目的复习方法都是类似的。请你按照复习语文的方法，先看一遍教科书，然后做配套的练习题，做完题再看一遍教科书。"

晓敏按照大李建议的方法复习了历史，考得不错。

大李有话说

在我们的指导过程中，类似晓敏的案例屡见不鲜。古语云"书读百遍其义自见"，可见"反复读"是很有必要的。只有这样，学生才能增加词汇量、提高理解能力、丰富知识，并能将不同的知识进行有机结合，从不同的角度进行思考和推论，进而取得好成绩。

阅读能力较强的学生，理解能力强，听课质量能得到保证，这不仅能让其对学习更感兴趣，也能让其更有自信心。阅读能力差的学生则相反。

阅读能力并不是与生俱来的，那么要如何提高阅读能力呢？

我们基于多年的阅读指导经验，总结出了提高阅读能力之"五行"法。之所以称其为"五行"法，是因为这些方法像五行一样相生相克。

阅读之"金"：了解阅读经历

我们在对学生进行自主学习指导时，通常会先为他们测评阅读能力，因为这直接决定着其基础学习能力。

要想提高学生的阅读能力，就要从了解其阅读经历开始。自主指导师或父母应清楚孩子目前的阅读状态，如阅读量的大小、喜欢什么类型的图书、用哪种方式阅读、读过的内容能记住多少等。阅读也是学习的过程，与学习的原理属于同源之水。要了解学生的状态及目前所具备的能力，不要强迫或急于说服他勉强读书，要为他找到更适合他的有效的读书指导方法。

在书店或图书馆，常有父母牵着孩子的手在书架前安静地选书。这时，有不少父母是根据"自己认为对孩子有帮助"的标准来帮孩子选的，却忽视了孩子的感受。虽然孩子能勉强接受，但父母却在无形之中充当了扼杀孩子阅读兴趣的"刽子手"。渐渐地，孩子对阅读的兴趣越来越弱，阅读能力乃至学习能力也会有所下降。因此，在选书的过程中，父母应把握好选书的"度"——既不能完全放手，不给予丝毫指点，又不能完全按照自己的意愿来安排孩子读什么书。

万事开头难,如果学生尚未具备阅读的能力,读书就会是一件苦差事。要是只知道文中某个词的发音却不知其含义,就无法真正读懂文章。在信息泛滥的今天,有不少孩子阅读量极少、阅读能力差。有调查表明,在学习成绩差且停滞不前的学生中,有78%的学生成绩欠佳是由阅读能力差导致的,他们要想真正理解一篇文章,往往要反复阅读两三遍。我们建议这样的孩子每天阅读10~30分钟,可有效弥补阅读量的缺失。慢慢地,他们也会感受到阅读的乐趣和重要性。

阅读之"木":代读

对于不愿意读书的孩子,了解并增加其词汇储备是非常有必要的。

芬兰的孩子从幼儿园阶段起就开始读报纸了。他们怎么读呢?答案是代读。确实,当孩子还不具备足够的词汇储备或者还不能独立阅读时,为了增加他们的词汇量,培养他们独立思考和表达的能力,最有效的办法就是代读,直到他们能够识字、阅读为止。

代读最为关键的一点是,不要半途而废。通常情况下,代读要坚持到小学。如果孩子在此时还没有养成良好的阅读习惯,那么即使升入初中,也可以继续代读。如果结束代读的时间不适宜,孩子就很有可能只会选择读起来相对容易的书,甚至逐渐放弃阅读。此外,代读还能训练孩子的听力,让孩子养成倾听的习惯,进而提高专注力。

第5章 培养阅读好习惯

✏️ 案例

有一位六年级老师，为了让学生养成阅读习惯，每天安排10分钟的晨读时间。过了一段时间后，没有阅读习惯的学生的状况并没有得到任何改善。老师非常苦恼，怎么办呢？冥思苦想之后，老师决定代读。结果超乎想象——学生逐渐喜欢倾听老师的声音，并对老师代读的内容产生兴趣，也渐渐喜欢上读书了。

> 💡 **大李有话说**
>
> 在与一个学生进行代读时，老师可以和学生轮流大声朗读。在与多个学生进行代读时，可以给学生分组。代读后，让学生在组内探讨让自己印象最深刻或是最有感悟的内容。这些都能有效提高学生的阅读能力。

阅读之"水"：反复阅读

你是否还记得自己儿时读书的情景？如果不记得了也没关系，不妨回想你的孩子在小时候是如何"缠"着你的。孩子会让父母一遍又一遍地讲同一个故事，这让很多父母都受不了。难道孩子们不觉得枯燥吗？他们为什么乐此不疲呢？

在孩子听完一个故事后，这个故事会在他们的大脑中留下一个大略的印象，但这个印象是很模糊的，且有时候孩子只能记得其中的片段。如果这个故事只讲一遍，那它最终只能留下只言片语，而不是一个完整的故事。孩子希望父母一遍又一遍地讲同一个故事，就像把一幅拼图一点一点地拼完整。在他们没有完全理解这个故事之前，这个故事对他们来说都是残缺的。孩子不喜欢残缺的故事，他们希望故事是完整的。因此，父母要一遍又一遍地给孩子讲，直到他完全理解了故事的全部细节，并通过一遍遍地重复同一个故事而产生熟悉的感觉，这会让孩子感到安全。

大李有话说

人在很小的时候，这个世界上并没有多少事情是他能掌控的。然而，在父母给他读同一个故事时，如果他能预见后面的情节，那他就能产生掌控感，这种感觉对他来说是十分难得、宝贵的。这就是孩子喜欢听熟悉的故事的原因。

可见，我们天生就具备了这种良好的阅读习惯和不断探究的精神，但又是从什么时候起就变得不再如此了呢？

在《小学阅读指南（中）》杂志2011年第2期中，有这样的两段文字：

据说，朱自清的记忆力相当好，能把《红楼梦》背诵下来，而且不管从哪章开始都行。作家茅盾对此不太相信。有一次，茅盾特意拿出《红楼梦》来验证，令他大吃一惊的是，无论他要求朱自清背诵哪章，朱自清都没有出现丝毫的差错。茅盾不得不佩服，觉得朱自清的记忆力真是神奇。

北大"怪才"余杰的记忆力也很惊人,记者问他为什么能够懂得那么多的东西时,余杰说:"这还得归功于我的记忆力。我的记忆力很好,而且读书很快,可以一目数行。"

能够拥有较快的阅读速度和较好的记忆力,当然再好不过,但如果没有这些本领也无须自卑,更不必过分羡慕那些读书比自己快、记忆力比自己好的人,因为这些并不是决定一个人能不能学到知识的根本因素。

书是需要反复阅读的。无论一个人的读书速度有多快,记忆力有多好,如果不进行反复阅读,他对内容的理解就会大打折扣,我想这一点是谁都不会否认的。尤其是一些经典名著,是需要人们一读再读的。以《三国演义》为例。人们第一遍读下来,往往连书中的很多人物都记不住;读第二遍,便能大概记住书中的人物名字;读第三遍,记人物名字已不成问题了,对书中的内容也越发熟悉了;读第四遍,对内容的理解自然会更加深入。

我们在咨询中发现,有的父母在陪孩子买参考书时往往都是兴致勃勃的,这本也想买,那本也想要,抱着一大摞回家。过了一段时间,很可能还有几本书完全没有拆塑封。就算孩子把每本都看过了、做过了,也不一定能取得理想成绩。有的父母在看到孩子反复看同一本书时会加以指责,认为孩子是在浪费时间。殊不知,反复阅读其实是一种正确的阅读方法。

有父母可能会问,要是我家孩子就是不喜欢阅读,怎么办?最简单的办法是,让阅读变得更便捷。也就是说,在家里,把书放在孩子能伸手够到的每个角落,为孩子营造一种可以随时随地阅读的环境;在外面,让孩子随身携带一本书。可以先从孩子感兴趣且内容浅显易懂的书开始,让他反复阅读。我相信,孩子总有一天会成为一个"小书虫"。

阅读之"火":精读

　　精读即精细深入地阅读。宋代朱熹在《读书之要》中说:"未得乎前,则不敢求其后;未通乎此,则不敢志乎彼。"意思是,前面的没有领会,就不要急着去看后面的;这个地方还没搞懂,就不要急着去记另一个地方的。这说明,读书要从前往后按着顺序读;在弄懂一个问题之后,再去研究其他的问题,以此达到"使其言皆若出于吾之口"和"使其意皆若出于吾之心"的融会贯通的理解水平。对文章的语言、结构、内容、写作方法等应进行仔细研读,直到最终完全理解。

　　如果在短时间内以略读的方式阅读大量的图书,孩子就可能会错失扩大词汇量的最佳时机。一旦词汇量匮乏,阅读就会成为一件难以为继的事情。此时,孩子甚至会将目光转向漫画或插图较多的图书,如此下去,其词汇量会越发减少,恶性循环便由此开始。如果你的孩子出现这种状况,千万不要掉以轻心!不要被孩子正在阅读的假象迷惑,要观察他是否在认真阅读,是否掌握了阅读的内容和细节,如果答案是否定的,那就要重新引导孩子养成精读的习惯。

　　阅读兴趣对孩子来说固然重要,但不要只停留在兴趣的培养上,提高阅读能力才是最终目的。为什么不少孩子阅读量足够大,理解能力却很差?就是因为他们没有养成精读的习惯。读书,不仅仅是量和速度的积累,更是对内容的理解和对逻辑思维能力的训练。

什么样的孩子适合精读呢？我认为是那些已经养成良好的阅读习惯并让阅读成为一种生活方式的孩子。对于不爱阅读的孩子，不要强迫。应以让孩子具备阅读的动机为前提，选择他们喜欢读的书并在阅读的过程中给予他们有力的支持。鼓励孩子在阅读的过程中，一旦遇到不懂的词语，就一定要查词典，确认这个词的准确意思。读完，让孩子与大家分享他认为的书中最精彩的内容，无论是将这段内容朗读出来还是抄写下来，都是不错的选择。

阅读的速度固然重要，但仔细阅读后的体会更能撩动心弦。

阅读之"土"：读书笔记

为了培养和巩固孩子的自主学习能力，应该让孩子进行综合阅读的训练。让孩子自己选择主题，并选择与这个主题相关的各种类型的书去阅读。除此之外，还有一种不错的方法，就是让孩子把自己读过的书汇总，简要地整理成读书笔记。

提起读书笔记，孩子通常会认为这是作为阅读的一种硬性要求，因此较为排斥，导致他们不愿阅读。其实，读书笔记本身并没有那么复杂，也不是"作业"的代名词，更不应该成为导致孩子排斥阅读、让阅读变得没有乐趣的罪魁祸首。

如何写读书笔记？方法很简单。

第一步，确定自己喜欢的主题。

第二步，选择与之相关的书，制订读书计划。

第三步，读完一本书后，可以做这样的练习：概括这本书的主要内容；对这本书的作者进行一次虚拟采访；给书中的主人公写信；续写故事，想象后面会发生什么；改写故事结尾；用新闻形式改写内容等。当然，如果你的孩子还没有达到这种程度，请不要着急，可以让孩子先记录书名、作者和出版社等信息，以培养孩子的阅读兴趣，为其阅读习惯的养成打下坚实的基础。

记住，写读书笔记，什么时候开始都不晚！

> **大李有话说**
>
> 关于上述第三步中的一些练习，需要孩子边提问边思考答案。这种练习不仅有助于培养孩子的想象力，还能让孩子借助它来和老师、父母及朋友分享图书内容和读书感受。如果能把练习内容定期整理在一个文件夹中，就可以整理成一套很好的读书笔记作品集。

高效阅读教科书

案例

小强，男生，初二。

初见小强，他满脸的无奈和不知所措。

小强平时学习很努力，刷了不少题但仍然成绩平平。他很苦恼，甚至一度丧失信心。

小强妈妈请大李去家里看看小强。一进小强的房间，大李就看到了一摞摞的学习资料,可见小强的学习强度真不小。大李一面为小强的努力而感慨,一面觉得好奇——在众多的学习资料中,为何没有看到教科书?

大李问:"小强,你的教科书在哪里啊?"

小强很吃惊地说:"教科书……哦,我从来都不拿回来的。有习题集和参考书不就够了吗?"

"你们现在学到教科书的哪个部分了?"

小强迟疑了一下,说:"哎呀,我也不是很清楚,明天看一下吧。"

通过这简短的对话,大李明白了小强的成绩为何不见起色了。

大李有话说

如今,学生中有这样一种趋势:常常把教科书扔在角落,忽视其重要性,反而把习题集、参考书、网络课堂当成学习的重心。然而,教科书才是所有参考资料的根源,并且是命题的依据。如果在学习的过程中不以教科书为核心就会偏离学习的中心,学习成绩何以提高?

教科书在学习过程中的作用非常大,如果在读完教科书后不能准确理解课文的内容,就很难提高学习能力。那该如何高效阅读教科书呢?

扫清词汇障碍

阅读能力与词汇量之间有着千丝万缕的联系。如果不能准确理解文中词汇（尤其是专业术语）的意义，那么对于文章的理解也会存在偏差，甚至完全不知道文章到底讲了些什么。因此，在阅读课文时应注重精读，着重标注重点词汇和语句。对于不能理解的词汇，应利用网络或词典弄清词汇的意义，并将词义标注在教科书中，然后反复读，直至理解。

初中阶段，有不少孩子会感到无法适应，原因之一是初中教科书中出现了大量的陌生词汇。此时，他们应在手边准备一本词典以便随时查找，这将有助于他们掌握陌生词汇的释义及近义词、反义词。日积月累，他们的词汇储备量将大大增加。同时，还可以把新学的词汇抄写在袖珍本上，随身携带，以便随时查看。

一旦扫清了词汇障碍，对文章的理解就可以事半功倍。在学生理解文章内容的情况下，让他们写出对某一段话、某一事件的感想时，词汇量就显得尤为重要，尤其在解答叙述性问题的时候更是如此。因此，针对不同的科目，我们建议学生采用不同的阅读形式。对语文课文，可如同读小说一样，厘清人物之间的关系，掌握故事情节；对物理、化学等传达科学知识的科目，应先准确掌握、理解专业术语。利用不同形式的阅读方法，更有助于理解文章的内容。

查找关键词、主题句训练

清除词汇障碍之后，阅读教科书最关键的是查找关键词和主题句方面的训练。无论是出于应试的目的，还是出于对自我思考和表达能力的提升,这种训练都是必要的。

在预习的过程中,可将自己认为重要的部分标注出来,这不仅便于确认标注内容是否和老师强调的内容一致,还有助于提高查找关键词的能力。为准确掌握文章的主旨,可用彩色笔将表达中心思想的内容标注出来,还可以试着概括各段落内容,并将其作为摘要写下来。这种查找关键词的训练,不仅有助于词汇的掌握,还有助于迅速找出段落的核心内容和文章的核心段落。

> **大李有话说**
>
> 无暇阅读其他类书籍的学生,每天用参考书和习题集刷题,教科书却被他们扔在角落。如果一个学生的学习成绩总是不能有显著提高,那么他很可能是没有意识到自己未能吃透教科书,而这才是提高成绩的关键。切记,命题中心永远都不会因参考书和习题集而改变以教科书作为命题基础的初衷。

打造一个俱读家庭

2020年4月20日上午10点,中国新闻出版研究院在线发布第十七次全国国民阅读调查结果。从成年国民对各类出版物阅读量的考察看,2019年我国成年国民人均纸质图书阅读量为4.65本,略低于2018年的4.67本。人均电子书阅读量为2.84本,较2018年的3.32本减少了0.48本。从数据来看,国民阅读量并不是很高。

父母可以用什么方法引导不愿意读书的孩子爱上阅读呢?不妨试试打造一个俱读家庭!如何做呢?我们提供了以下建议。

让孩子感到阅读是愉悦的

在父母的观念之中,读书和学习犹如一枚硬币的两面,是紧密联系的。我国的大部分父母认为,经常阅读的孩子学习成绩也会很好。这种观点并没有错,但是在发达国家,阅读往往是人们休闲和娱乐的方式之一。基于人们对阅读观念的差距,目前我国的孩子排斥阅读的现象越来越严重。因此,若想让孩子喜欢阅读,就应该从"愉悦"的角度着手。

案例

洋洋,女生,小学五年级。

平时坚持阅读,阅读范围却超出了自己的实际水平——这都是妈妈强制要求的。

看到洋洋读的书,大李问洋洋:"你觉得难不难啊?"

洋洋满脸痛苦地说:"太难了,一句都看不懂。"

"那你为什么还要读呢?"

洋洋无奈地说:"因为这些都是妈妈规定的必读书啊!"

洋洋的例子很好地说明了目前很多孩子在阅读中存在的问题:只因是父母要求的必读书,即使看不懂,也得坚持读下去。可是,阅读的效果如何呢?不仅是看不懂这简单,恐怕孩子在内心深处早已对阅读本身深恶痛绝了。

父母强迫孩子阅读所谓的"必读书",不顾及孩子的感受,而只是将自己的想法强加于孩子,这么做非常容易让孩子产生"阅读＝学习"的观念,而这种观念一旦形成,阅读就不再是愉悦的,"培养阅读兴趣"这句话也就显得苍白,不具有任何实际的意义。这会使得孩子的阅读只能停留在必读书的量的层面上,根本谈不上对书中知识的理解和积累了。

那么,如何培养孩子对阅读的兴趣呢?对于那些尚未养成阅读习惯的孩子,父母一定要根据孩子的感受选择他们喜欢阅读的书目,让他们在没有任何压力的状态下去阅读,从愉悦的角度引导他们认识到"阅读是生活的一部分"。慢慢地,书将成为他们生活中不可或缺的伴侣。

签订家庭读书计划合约

签订"家庭阅读计划合约"就是让每位家庭成员都按照计划合约的内容坚持执行。比如,约定家庭成员每天阅读 20 分钟,时间可以定在早上、晚上,或是其他任何时间段;阅读方式可以是自主阅读,也可以是代读。无论如何,父母都要以身作则,坚持遵守计划合约中的内容,在潜移默化中影响孩子。这样不仅有助于孩子养成良好的阅读习惯,还能让阅读成为家庭成员之间沟通的纽带,并能成为家庭生活中不可或缺的一部分。

不少父母都会要求孩子写读后感。我的建议是,没有必要强迫孩子去写。孩子在阅读时,只让他们专注于书中的内容并记录书名、出版社、作者等简单信息即可,因为读后感并不是必不可少的环节。我们之所以特地强调这一点，是因为在我们指导过的学生中，不愿意写读后感的学生比比皆是。

案例

昊昊，男生，小学五年级。

为了培养阅读习惯，他决定每周阅读三本书。与他之前一个月才读三至五本书相比，阅读量显著增加了。昊昊之所以做出这样的决定，是因为自从他了解到阅读的重要性后，常因阅读量小而感到羞愧。

在昊昊实施读书计划的过程中，他有一次问大李："要写读后感吗？"因为他接受的教育方式告诉他，阅读后写读后感是理所当然的事情。不过，也正是因为被要求必须写读后感，使得很多孩子逐渐对读书丧失了兴趣。大李了解了昊昊的想法后告诉他，可以不写读后感，但必须记录书名、出版社、作者等简单信息。而且，在阅读的过程中，一定要专注于阅读的内容。昊昊听后，高兴得连连点头答应。

在培养孩子的阅读兴趣时，无论是父母还是学习指导师，都不要急于让孩子写读后感。如果想引发孩子思考，不妨在孩子读完后，以"如果是你，你会怎么做"之类的方式来与孩子探讨。等孩子对阅读感兴趣、培养了阅读习惯后，可能就会自然而然地书写读后的感受了。

有针对性地阅读

在书海中泛舟，如何挑选适合孩子阅读的图书？我们认为，适合孩子阅读的图书大致可分为以下三种类型。

第一，与教科书相关的书。孩子在阅读这些书时，应留意课文摘自哪篇文章或哪本书并找到出处，认真阅读。如阅读第二天要学的相关内容，可以实现让"学"先行一步的效果，更容易理解老师讲课的内容，并扩大思考范围。此外，最好能根据各年级的推荐阅读书目或与教科书相关的书目，有选择地阅读。

第二，自己喜欢和想读的书。孩子阅读这些书有助于培养他们的阅读兴趣和阅读习惯。即使孩子只喜欢看漫画，父母也不要阻止，可以在这个基础上，循序渐进地引导孩子阅读一些更有益的、与其喜欢的领域相关的图书。此外，可以让孩子按照自己的阅读速度来与父母约定购书频率，从而不断地享受阅读的快乐。

第三，必读书。阅读必读书是有效防止读书偏好的好方法。举例来说，有的孩子很少关注非文学体的科学读物和历史读物，但由于绝大多数的教科书都是以非文学体来编写的，如果孩子只读文学作品，那么即使他们的阅读量很大，读教科书仍会感到很困难。"必读书"则涵盖面很广，不仅包括孩子们喜欢且想读的书，还有他们日常不会主动去接触的门类。在选购这类图书时，尽量选择由简短的段落组成的图书，这样便于分段落进行朗读，从而减轻孩子的阅读负担。

> **大李有话说**
>
> - 对于幼儿园、小学低年级阶段的孩子，父母要为孩子代读。
>
> - 在挑选图书时，父母务必要和孩子一起挑选。就算父母对孩子选择的书并不是很满意，也要尊重孩子的选择。这样一来，父母在向孩子推荐自己认可的书时，孩子也能尊重父母的意见。
>
> - 如果是购买全集类的书，不建议把这些书一次性都给孩子。全集带来的数量和视觉压力很可能会让孩子丧失阅读的兴趣。可以在孩子看完一本后，再给孩子拿出下一本，其他书则由父母代为保管。

SQ3R 阅读法

如何有效指导孩子阅读？我们即将分享的策略名为"SQ3R 阅读法"，是由美国教育心理学家、爱德华大学教授弗朗西斯·罗宾逊（Francis Robinson）提出的。SQ3R 是这一阅读法五个步骤的英文首字母缩写，分别是概览（survey）、提问（question）、阅读（read）、复述（recite）和复习（review）。

概览，就是先阅读一本书的目录，了解书的主题和各个章节的构成情况，然后再把各个章节分为若干个更小的单位，分配阅读量。

提问，就是围绕即将阅读的内容向自己提出问题。例如，什么是惯性？惯性是怎么产生的？

阅读，就是带着前面设定的几个问题去阅读，找出相关的答案。此时，采用强调式标记法的效果会更好。这种方法是指读完一遍后，用笔标出自己认为是主题或是核心内容的部分，并注意以下几点：

- 对主要用语和概念进行标记；
- 在图和表格中进行标记；
- 标记不宜过多；
- 在笔记本中记录主要概念、重点等；
- 不要满足于标记，要把标记内容整理后再进行记录。

复述，就是将阅读内容复述出来或是讲给家人或朋友听，也可以一边整理一边写下来，然后再与书核对，这也是判断自己是否理解阅读内容的有效办法。

复习，就是整理、重温已阅读的内容。为了形成个人的观点，可以将阅读内容和自己的现有知识、经验及观点联系在一起。具体的复习方法如下：

- 重新阅读标记强调的部分，回顾相关内容并进行说明；
- 回答阅读前自己提出的问题；
- 自己提出新问题并解答；
- 可以利用思维导图进行概括和总结；
- 可以将需要背记的内容和概念制作成学习卡。

大李有话说

阅读的重要性怎么强调都不为过。掌握阅读的方法，了解阅读的价值，增加阅读量，把阅读变成生活的一部分，不仅有助于知识的掌握和扩充，还有利于学习能力的提升。

对于学生来说，阅读不仅是一种跟风，更是一种扎实的基本功训练。

大李小调查：在阅读理解方面，你的孩子能做到这些吗？

1. 看到题目就会联想到与题目相关的知识。
2. 阅读过程中，能联想到与阅读的内容相关的知识或是相关的场景，抑或是自己相似的经历。
3. 能根据各段落的大意概括全文的主旨。
4. 看到不懂的词语，会强烈地想知道它的意思。
5. 能按内容的难度和重要性调整阅读时间。
6. 阅读时，不仅用眼睛去看，还会努力去背记。
7. 看到不懂的内容能标记出来，并能积极思考解决方法。

第 6 章

做教练型父母

- 在学习方面,父母应该扮演什么角色?
- "宝贝,你真聪明"这句话是真正的称赞吗?
- 父母如何才能成为"拆弹专家"?
- 你是否能理解孩子的内心?

第6章 做教练型父母

学习宛如一场马拉松比赛,有任务要完成、有困难要突破、跑累了可以走一走……在这个过程中,谁是选手,谁是教练呢?作为学习的主体,孩子需要打好基础、练习基本功、模拟训练、参加比赛,这是一个漫长的过程。在日复一日坚持训练的过程中,孩子希望得到父母哪方面的支持呢?父母是否了解孩子的需求呢?要想培养孩子的独立自主性,让孩子获得成就感,父母应该成为教练型父母,这个角色将贯穿孩子全生涯的发展。请铭记,孩子是选手,父母是教练,父母不能替孩子赛跑。

案例

浩然,男生,初三,已接受自主学习指导三个月。

三个月以来,浩然一直在慢慢地发生变化。自从对自己心怀肯定的想法后,他对待每件事的态度都比之前积极多了。看到浩然的变化,大李也逐渐延长了他的学习时间,并增加了学习强度。浩然很配合,在学校不仅在课堂上更为专注,与同学的关系也变得更融洽了。

然而,浩然妈妈似乎并没有发现浩然的变化,反而坚持认为浩然不爱学习,并为中考而焦虑。

对于浩然妈妈的态度,大李感觉有必要去捅破这层窗户纸,于是找了一个恰当的机会,对她说:"您有没有想过,您的焦虑会让孩子不安、无法集中精力学习?"

浩然妈妈很无奈地说:"离中考越来越近了,我担心他被甩在后面,但是又怕给他心理压力,就没明说。"

"虽然您没说,但其实浩然早已觉察到了。他的变化很大,但您好像并没发现。只有让他感觉到稳定、和谐，他才能集中精力去学习。如果您真的爱孩子，就请相信孩子。就像在比赛中，如果教练让选手心绪不宁，就说明这个教练不称职。"大李稍显激动但又很诚恳地说。

几天后，浩然妈妈笑着跟大李说："我仔细观察了浩然几天，发现他确实比之前好多了，学习欲望也更加强烈了。看来是我过于着急了。"

听到妈妈的反馈，大李悬着的心终于放下了。

> **大李有话说**
>
> 　　父母请谨记：你不是选手，不能替孩子参加比赛。除了可以在场外为选手呐喊助威，你更应该做信任选手、引导选手、呵护选手的教练。只要你一直在旁边看护孩子，做孩子坚强的后盾，就能激发孩子对学习的欲望。

何为教练型父母

在故事《孟母三迁》中，孟子的母亲为选择良好的教育环境而多次迁居，现在人们常用这个故事来比喻父母的良苦用心。不少父母对此的理解是，认为让孩子在良好的环境中学习的必要条件是送孩子去最好的课外辅导班或让孩子出国留学，这是一种误解。请

第 6 章 做教练型父母

思考一下,在这个故事中,孟母把教育孩子这件事完全交给老师了吗?当然没有。虽然孟母没有亲自向孟子传授知识,却时刻激励孟子,并推动孟子走向成功。这在《孟母戒子》的故事中就有体现。

孟子少时离乡求学。一日,他因思母心切回到家中。此时的孟母正在织布,看到爱子固然高兴,但她仍然克制激动的心情,问道:"学业都完成了吗?"孟子回答:"尚未完成。"孟母一听勃然大怒,决然剪掉正在织的布,说道:"你荒废学业,就像我剪掉这匹布啊!"孟子大悟,回到学堂专注学业,最终成为"儒林亚圣"。

可见,孟母堪称"教练型父母"(或"自主学习指导师型父母")的代言人。

大李有话说

自主学习指导师的工作之一是改善来访者的亲子关系,让父母准确找到自己的定位,即父母是教练,而不是选手。

家庭是教室之外的课堂,父母指导的重要性怎么强调都不为过。父母能否发挥指导师的作用,对孩子自主学习能力的提升具有至关重要的作用。无论自主学习指导师多么优秀,如果亲子关系存在问题,那么任何指导都无法取得令人满意的效果。

各种"花式鸡娃"让父母感到焦虑,唯恐自家孩子输在起跑线上。不过,请仔细想想,孩子学习真的只是为了考上大学吗?

日本天才兄妹矢野祥和矢野小百合在母亲的陪伴下快乐地成

长，并分别在 9 岁和 10 岁时考入美国的大学，矢野祥在 18 岁时拿到博士学位。他们没有上过小学、初中和高中，而是在父母的陪伴下快乐地学习。在他们的成长道路上，母亲的作用是有目共睹的。自从有了这双儿女，母亲便开始细心观察他们的成长，陪伴他们学习，通过称赞和激励让孩子发挥最大潜力，在孩子成长的道路上真正做到了悉心陪伴。

这位母亲也是典型的教练型父母。谁不想教育好自己的孩子？然而，如果单纯地停留在"想"的阶段，就不会取得任何成效。父母很想把全部的爱都给予孩子，但他们往往忽略了给予的方式，最终使得孩子对这份爱形成了误解。因此，掌握传达爱的技巧和策略非常重要。

从牙牙学语到蹒跚学步，幼儿阶段的孩子得到的是父母无条件的包容和爱。然而，可能从上小学起，父母的爱在他们看来就渐行渐远了——父母对孩子的期待和要求突然变了。父母的脸色和心情随着孩子的表现和考试成绩而阴晴不定，这也成了孩子最担心的事情。父母情绪的转变——从迎接新生命的喜悦到面对上学后的孩子恨铁不成钢的无奈——让孩子有些不知所措，导致亲子关系变得越发脆弱。

其实，父母对孩子的爱并没有减少，而是教育方式出了问题。父母应坚定地成为孩子的同伴，给予孩子正确的表扬和激励，否则就很可能会让孩子觉得爸爸妈妈不爱自己了。只要父母的指导策略与赛场上孩子的完美表现相结合，就能取得令人满意的结果。

如何正确地表扬和激励孩子

案例

东东，男生，初一。

就要迎来上初中以来的首次考试了，东东既高兴又不安。

妈妈告诉东东，如果期中考试考得好，就会给他买游戏机。东东激动极了，心想："哇！我居然能拥有游戏机了！"紧接着，妈妈就提出了另一个条件——每科的考试成绩都要高于 90 分。东东顿时表情僵硬，喜悦感一扫而光。面对妈妈提出的条件，东东忽然觉得很有难度，心理负担很大。

无奈，东东向大李发出求救的信号。"老师，您能不能跟我妈妈说一说啊？每科考试的成绩都要高于 90 分，这个条件对我来说太高了……我很想要游戏机，但一想到我妈妈给我提的要求我就没了兴致。我最近每天上课都在想这件事，根本无法集中精力听课。其实，就算我妈妈没给我提那个条件，我也会好好考的，毕竟是上初中后的第一次考试啊！"

所有的孩子都希望在考试中取得好成绩。为了提高孩子的学习成绩，不少父母常会用物质奖励和孩子做交易。事实上，如果孩子的内驱力足够强大，那么附加的外在动力反倒会在无形之中成为孩子学习路上的绊脚石。这是因为物质奖励是典型的外驱力，如果反复使用，就会使孩子养成没有奖励就不努力学习的习惯。例如，如果每次都采用贴小红花的方式去奖励孩子的良好行为,那么一旦不采用这种方法,孩子就会不再努力表现。这种方式不仅会扼杀孩子的学习兴趣,还无法让孩子体会到学习过程中的成就感和快乐感,并离自主学习越来越远。此外,频繁使用物质奖励也会让孩子更关注物质奖励,并因担心得不到物质奖励而无法专注于学习。因此,父母一定要摒弃这种方法。只有将学习过程中不断得到的喜悦转化为自我激励,孩子才会更加努力地自主学习。这种激励不应是外部给予的,而应是自己争取的,这样孩子才更有成就感。

父母应该如何做呢?

正确地表扬和激励孩子,推动孩子自觉主动地取得哪怕只是很小的成绩,就能激发孩子的内驱力。

> **大李有话说**
>
> 并不是说物质奖励完全没有必要,它对小学生还是有一些作用的。不过,与游戏机这些物质奖励相比,主动学习,提高成绩才能使学生体会到更多、更持久的成就感和学习的乐趣。

表扬的秘诀

说起表扬,恐怕大家都不陌生,有些人还会自豪地说"我经常表扬孩子"。然而,此"表扬"并非彼"表扬"。

父母常说的"宝贝，你真聪明""你太棒了""你真乖"，有点残酷地说（父母可能无法接受），这些泛泛之词都不是真正意义上的表扬。真正的表扬是针对具体的行为，重点是孩子的变化和成长，即使结果不是很理想，只要孩子在过程中努力、认真，就要认可并表扬孩子。

表扬，是驱动孩子努力学习最有效的方式之一，也是父母给予孩子最好的精神营养。然而，有的父母觉得他们从孩子身上找不到什么值得表扬的地方。初听起来，不免让人有点惊讶。仔细想想，这是父母恨铁不成钢的心理在作怪。其实，所有父母都是希望表扬孩子的，之所以从孩子身上找不到值得表扬的地方，是因为父母关注的是孩子没做好的地方，并因此认定孩子表现不好。举个例子，有的父母好不容易说服孩子去学习，可转眼间就又看到孩子玩起了游戏。这时，即便孩子做完了作业，父母也不想去表扬孩子了。

要想让孩子具备自主学习的能力，父母的信任是非常重要的。即使孩子没有完成计划，也要把孩子努力的过程和他没达标的原因区分开来，该表扬的就要表扬，该指正的就要指正。而且，表扬要有具体的事实根据，而事实就源于父母对孩子的观察。

我们能理解父母对孩子的学习成绩的焦虑心情，但是不要心急。从长远的角度来看，培养孩子的自主学习能力更为关键。即使孩子的成绩下降了，父母也要保持一贯的态度，采取适当的表扬和鼓励，让孩子的学习心态保持相对稳定。

> **大李有话说**
>
> 有的父母以为，表扬孩子是很重要的，于是为了表扬而用"你真棒""你真聪明"之类的泛泛之词去表扬孩子。事实上，真正的表扬来自对孩子的观察，要以具体的事实为依据，且表扬的重点是孩子的变化和成长。

激励的秘诀

"牵马到河易，强马饮水难"这句话中蕴含的道理恐怕无人不知，但这其中的深意却常常被人们忽视。尤其是父母，可以为孩子创造舒适的学习环境，却不能代替孩子去学习。如果孩子自己不努力或是没有学习动机，那么无论如何都是学不进去的。与单纯的只是满足外在资源相比，激发孩子的内在动机更为迫切和重要。有人说"有激情的人是最强大的人"，因为喜欢学习而去学习才是最完美的学习。那么，如何能让孩子喜欢学习？如何才能激发孩子的学习动机呢？

☆ **引导孩子渴望实现某一目标**

在心理学家丹尼尔·戈尔曼提出的"情商"（emotional intelligence，EQ）概念中，五个特征之一就是自我激励。自我激励，就是一个人希望取得超过自己和周围人所期望的成就欲。要想激发一个人的成就欲，就要先找出这个人所期望的。

对父母来说，帮助孩子激发学习动机的第一步，就是引导孩子产生对实现自己的某一目标的渴望。首先,父母需要通过真诚地与孩子交流诸如"为什么学习""学习能带来什么成就"之类的问题,帮助孩子找到足以令其信服的理由去自主学习;其次,为孩子持续提供关于成就、认可、责任感、成长与发展等可以打动其内心的例证和资料,鼓励孩子在遇到困难时不放弃。在这里,"持续"非常关键。有些父母急于看到孩子的变化,要是在尝试几次后仍然看不到孩子发生变化就会放弃,这其实是很可惜的。不妨回想孩子刚刚学习走路时的状态——他是以无数次的摔倒为代价的。最后,在孩子成长的路上,请父母学会耐心等待。

☆ **唤醒孩子心中"成为优秀的自己"的愿望**

利用可以激发孩子好奇心和兴趣的故事或经验,持续轻叩孩子的心灵之门也是不错的办法。越是平凡而伟大的事迹,越能激发孩子的内驱力。给孩子讲一些平凡人在逆境中坚持取胜的故事,或是给孩子推荐一些相关的书籍去读,都能唤醒孩子心中沉睡的"成为优秀的自己"的愿望。

☆ **满足孩子的需求**

美国心理学家亚拉伯罕·马斯洛将人的需求分为五个层次,分别是生理需求、安全需求、情感和归属需求、尊重需求,以及自我实现需求。其中,尊重需求和自我实现需求是人类拥有的发展上的需求。尊重需求,指的是希望获得周围人的认可和尊敬的需求。自我实现需求,指的是在实现自己的期望后所产生的对成就感的需求。如果前一阶段的需求得不到满足,就很难产生之后的需求。因此,如果父母和孩子之间的关系不融洽,即孩子对情感和安全的需求没有得到满足,就很难产生更高的需求动机;反之,如果这些需求得到满足，孩子就能产生诸如学习的欲望这样更高级的需求，可以通过学习得到充分的认可并获得内在成就感，进而唤醒通过学习完成自我实现的需求。

☆ **适时放手**

父母的陪伴固然重要，但在学习方面，父母更要懂得适时放手。

在现实生活中，非名牌大学毕业生因善于自我激励而成功的并不在少数；而一些名牌大学的毕业生，因之前一切尽在父母的安排之下，不善于自我激励，生活不尽如人意者亦随处可见。父母的良苦用心是可以理解也是值得尊重的，但请父母看得更远一些——不要只是盯着孩子目前的学习成绩，还要看向未来，激发孩子努力学习的动机，并适时放手，将孩子培养成能够自己设定目标并能激发内驱力的人，这才是明智之举。

💡 大李有话说

如果你还在为孩子的某些方面做得不够好而喋喋不休，请你不要再唠叨。帮孩子树立目标，激发他的兴趣和灵感，并为他提供相关的信息，最终让他具备自我激励的能力。经过这些努力，一定会触动孩子的心灵，让他变得积极、上进。

在这个过程中，你还要培养孩子坚韧的品质，鼓励孩子不要因为短暂的失败而回到最初的状态，要信任孩子的能力，也要对孩子的未来充满希望。

理解孩子的心

案例

周勇，男生，初一。

初一下学期的期中考试结束后，周勇来见大李。

大李问："你对自己期中考试成绩满意吗？"

"不满意，搞砸了。"

"是成绩下降了吗？"

"也不是，这次考试的难度提高了。"

"其他同学也觉得难吧？"

"是的。不过，我的排名可能提高了一点。"

大李有点惊讶地说："那不算搞砸啊！"

周勇难过地说："哎，我要是考 90 分以上，就可以在班里排进前 10 名了。"

周勇的成绩之前在班里是倒数。自从接受指导后，他的成绩提高了很多。然而，由于妈妈对周勇的要求也提高了，因此即使他的排名提高了也还是无法让他高兴起来。上次考试后也是如此，他的成绩明明提高了，但他还是说自己搞砸了，非常难过。

大李有话说

周勇的妈妈是一位完美主义者，原则性强，还非常细心。在工作之中，这种性格的人因为责任心强，通常都能把工作处理得很好。然而，如果以同样的态度和方式去对待孩子，就会让孩子感到巨大的心理压力。周勇就是活生生的例子。

无论多么努力、进步有多大，孩子永远都只能听到这一句话："你努力得还不够，现在的这个程度还不行，你还得努力。"

即使他的成绩有所提高或是有一科考得不错，也听不到妈妈的称赞。如今，"搞砸了"已成为周勇的口头禅，他觉得自己无论多努力都达不到妈妈的要求，他内心的无力感得多强啊！

周勇的妈妈可能觉得自己这么做是在激励孩子更加努力地学习，可是她忽略了重要的一点——理解孩子的心。周勇多么渴望得到妈妈的称赞啊！

换一种方式沟通

你是否经常对孩子的要求说"不行"？

这两个字看起来简单，其实非常具有杀伤力，它会扼杀创造力、想象力、逻辑思维能力。

如果孩子犯了错，父母的第一反应往往是责备，完全不给孩子任何解释的机会。这样一来,孩子满腹委屈,非常想为自己辩解却无处诉说。于是,亲子之间要么争吵,要么冷战,久而久之就会导致关系僵化,水火不容,最终孩子会离父母的要求越来越远。

其实,只要父母愿意尝试另一种沟通方式,效果就会完全不同。

案例

放学回家后,鹏鹏满脸不高兴。妈妈看到后,问道:"鹏鹏,你怎么了?"鹏鹏吞吞吐吐地说:"老师……老师批评我了。"妈妈心想,是不是鹏鹏犯错误了?不过,她什么都没说,而是等着听鹏鹏的解释。鹏鹏看着妈妈,意识到妈妈并没有责怪他的意思,于是向妈妈解释道:"我今天忘了带作业本,老师以为我没有写,于是批评了我……"妈妈听完鹏鹏的解释,很理解他的委屈,答应他稍后将帮他和老师解释一下,并提醒他以后每天写完作业要记得把作业本装进书包里。鹏鹏感到了妈妈对他的信任和爱。

大李有话说

如果你是鹏鹏的妈妈,你是会不分青红皂白就直接批评孩子,还是会耐心地听完孩子的解释?

请记住,换一种方式沟通,孩子才愿意和你袒露心声,这不仅能增进亲子关系,且有利于对孩子的引导。

在与人沟通时,每个人都更想听自己愿意听的话,而不是对方想告诉自己的话。这在亲子沟通中体现得更为明显。面对父母的质疑、责备、攻击,孩子会本能地为自己辩解,双方吵着吵着可能就会离最初想要解决的问题越来越远了;相反,如果孩子能感到自己被理解,就能心平气和地说出自己的想法,以及需要父母帮忙解决的问题。

也就是说,经常处于高压之下的孩子,通常会有强烈的反抗情绪;经常处于问题引导状态之下的孩子,则通常能善于思考并能自行解决问题。

培养孩子的自尊意识

再回到鹏鹏的案例。在学习鹏鹏妈妈处理方式的同时,也请关注鹏鹏为什么会感到委屈——他认为自己在同学面前丢面子了,这是孩子自尊意识的体现。

自尊意识强的孩子常会有这样的想法:"尽管我现在的成绩还不错,但我相信自己还可以做得更好,我会努力的,一定会取得更好的成绩。"

这样的想法从何而来?当然与父母的要求、平时的沟通和行为方式有关。父母这样做,无非是希望自己的孩子更加优秀。不过,需要提醒父母的是,在培养孩子自尊意识的过程中,如果方法不当,就很可能伤害到孩子,甚至降低孩子的自尊意识。一味地激励孩子"可以做得更好",既有可能唤醒孩子的自尊意识,有利于学习和成长,也有可能会让孩子认为自己永远都达不到父母的要求,进而认为自己是个无能、无用的人,遇到困难就会选择退缩和逃避。因此，在培养孩子自尊意识的同时，还要注意保护孩子的自信心。

> **大李有话说**
>
> 任何人都渴望被理解，孩子也不例外。在孩子成长的过程中，如果父母能够愿意主动地去理解孩子的内心，准确洞悉孩子的心理，那么不仅能让亲子关系更融洽，还能让孩子受益终生。在孩子步入社会后，他也会以同样的心态处理人际关系。

做孩子的"拆弹专家"

在现实生活中，有不少亲子矛盾都是因上辅导班而引起的，小则赌气、争吵，大则大打出手，甚至会让孩子因此而离家出走或轻生。

如今，父母为孩子的教育煞费苦心，但孩子似乎并不买账，每次去上辅导班时，亲子间都会发生一场唇枪舌剑。孩子认为自己得不到理解，父母觉得枉费一片苦心。

韩国一项研究结果表明，学科类辅导（如语文、英语、数学等）的时间越多，孩子的攻击性就越强；相反，非学科类辅导（如跆拳道、钢琴等）的时间对孩子的攻击性并没有影响。

研究人员曾对除攻击性之外的儿童精神健康情况进行了分类调查，结果表明：和父母在一起的时间越多，儿童出现异常行为、抑郁、不安、分心及失足等问题的可能性越低；和朋友待在一起的时间越多，不良行动也越少。

基于对调查结果的分析，研究者建议，为了让孩子健康成长，最好是增加其与父母、朋友相处的时间。也就是说，除非现实条件不允许，否则不要考虑将孩子送到托管机构或是文体活动中心。

当然，如果孩子成绩较差，那么送孩子去上辅导班也是有必要的。不过，请牢记一点：如果父母只想依赖课外辅导班或是家教来提高孩子的学习成绩，而忽略了与孩子的日常沟通，就会像安放了一枚定时炸弹，对于孩子的教育是有百害而无一利的。

因此，父母要做孩子的"拆弹专家"，了解孩子的内心需求，多花时间去坦诚地陪伴孩子。

大李有话说

理解孩子的内心，才能了解其想法和深层次的需求。父母需要掌握有效沟通的策略和方法，通过沟通发现问题并解决问题。

大李小调查：你的孩子对辅导班是什么态度？

1. 在父母的强制安排下，不得不去辅导班。
2. 不喜欢辅导班老师讲课的方式。
3. 不喜欢辅导班老师管理学生的方式。

第 6 章　做教练型父母

4. 辅导班上学过的内容，如果学校的老师再在课堂上讲，就不认真听了。

5. 在辅导班学到的内容比在学校课堂上学的内容要有用。

6. 在辅导班学习就是在浪费时间。

7. 往返于辅导班的路上很浪费时间。

8. 在辅导班学到的内容没有帮助。

第 7 章

成为自主学习指导师

- 什么是自主学习指导师?
- 自主学习指导师担任什么样的角色?
- 父母如何才能成为孩子的自主学习指导师?

"自主学习"与"自己学习"是有区别的。学习的主动性、自觉性等，都属于自主学习的一部分，以自主学习的意愿与决心为侧重点，从付出行动且持续坚持的系统性地培养自主学习习惯的角度来看，两者是有些差距的。只给孩子提供自己学习的场所，配备监督的老师负责答疑解惑等方式对培养自主学习习惯和自主学习能力是有局限性的。很多孩子没有养成发现问题和积极寻求帮助的习惯，因为养成习惯需要一定的时间，能否坚持下来是关键，而培养习惯的过程中，学生会遇到各种干扰和阻碍，需要得到来自老师和家长的帮助。

案例

媛媛妈妈，大学教授，女儿上初一。第二期"自主学习指导师基础课程"的学员。

在开课仪式上，她说："我参加此次培训课程的目的，是希望能学到一种实用的方法，改善与孩子的关系。"

在为期两天的培训过程中，媛媛妈妈一直非常认真，并积极参与。结课仪式上，她这样分享心得："通过两天的学习，我对之前没有重视的事情有了深刻的认识。比如，我一直认为学习是孩子一个人的事，父母是监督者和督促者，但我现在则意识到，学习不仅仅是孩子一个人的事情。孩子还不够成熟，在由不成熟到成熟的过程中，孩子时时刻刻都在经历着一些变化，对于这些变化，父母有责任调整自己的角色和教育的方法。此外，我之前更多的是关注孩子的学习成绩和对待学习的态度，现在还有一件更重要的事情——让孩子知道，我已经开始为她而学习了，我也会成长，也会做出改

孩子是选手，父母是教练：如何有效培养孩子的自主学习习惯

变，以后在她遇到学习方面的问题时，也希望她能记得身边有愿意帮助她的妈妈。我相信，我的变化肯定能影响她……"

培训结束时，媛媛妈妈请大李给孩子做一对一指导，大李欣然答应了。此时，离期末考试只有不到一个月的时间。

初次见面，大李简单了解了媛媛对学习的需求。她说，她很想提高在班里的名次，但又担心没那么容易。大李告诉媛媛："只要妈妈协助你，而且你能按照稍后学到的方法和流程去做，我相信你一定能提高排名。"

连续三周，大李给媛媛提供了三次自主学习指导。期末考试成绩出来后，媛媛挤进了班级前三名。媛媛妈妈说，她不再为孩子的学习而焦头烂额了。

相信有不少父母都曾像媛媛妈妈一样，为孩子的学习感到迷茫、不知所措。每当看到为孩子焦虑的父母，我们都特别想帮他们摆脱困境，让孩子的学习步入良性循环。

在对孩子进行学习指导时，我们通常会先向他们强调学习策略的重要性。同时，我们会向父母推荐一些在线课程和相关书籍，帮他们厘清思路，随后还会建议他们参加为父母准备的主题沙龙和培训。

父母都希望孩子成才，但面对孩子的学习问题，如果父母没有接受培训，就很难有效协助孩子取得成功。

在我国，孩子的教育主要由妈妈来负责。随着社会的进步，越

来越多的妈妈意识到家庭教育的重要性，积极参与专门针对父母的自主学习指导师培训课程，在培养孩子的自主学习能力方面发挥着积极作用。

学习的主体是孩子，但是学习并非孩子一个人的事。因此，我们在指导孩子时，为了帮孩子有效培养自主学习能力，总会强调父母、孩子、自主学习指导师协同合作的重要性。

帮孩子找到学习的问题点，并制订相应的策略是自主学习指导师最核心的工作。

基于多年的自主学习教育实践，我们研发的自主学习指导师型父母培训课程的学习步骤是这样的：了解自主学习指导师→选择适合自己的培训课程→在家中不断地应用→接受自主学习指导师反馈，调整并坚持练习。

近几年，很多父母在经历过这样的学习步骤之后，有效地改善了孩子的学习状态，并改善了亲子关系。其中还有一部分父母在后期选择了更专业的自主学习指导师课程并取得了资格证，在闲暇时间从事自主学习指导师工作，帮助更多的孩子和父母走向成功。

自主学习指导师的六重身份

自主学习指导师是指这样的一种专业人士：他们能协助学生找到学习的动机及适合自己的学习方法，帮助他们养成制订有效的学习策略、自主管理学习时间的习惯，最终养成自主学习习惯。

自主学习指导师的工作内容包括：帮助没有学习动机的学生寻

找学习动机；帮助因欠缺学习方法而无法取得好成绩的学生找到学习方法；与学生共同制订符合学生现状的学习计划及学习策略；管理和引导与学生学习相关的领域。

自主学习指导师有以下六重身份。

掌舵人

自主学习指导师应引领学生向更高阶段发展并为学生提供愿景。自主学习指导师和掌舵人所起的作用很相似，他要分析学生所处的情况和现实，提供可行性方案去帮助学生克服当前困难。学生的社会经验不足，经历比较单一，指导师应充分理解这一点，给予适当的引导。只有在自主学习指导师能够比较清晰地提示、正确引领方向且具有说服力时，其指导力才能发挥得淋漓尽致。

同行者

在指导过程中，虽然自主学习指导师和学生所发挥的作用存在差异，但两者也是彼此的同行者。无论学生处于哪种境况，自主学习指导师都应根据学生的实际情况进行指导。

自主学习指导师不是审判学生行为的判官，而是与其一起思考所面临的问题并协助他找出解决方案、实现目标的人。因此，自主学习指导师一定要摆正自己的定位和心态，这样才能和学生建立信任关系。如果自主学习指导师没有认识到自己是学生的同行者，那么无论他传达的内容和信息多么精彩，都无法引起学生的共鸣，更无法进行有效指导。

向导

夏尔巴人是珠峰攀登者的向导。攀登者除了凭借自己的体能和技术登上顶峰，也要感激向导在这个过程中发挥的关键作用。自主学习指导师就是将学生引领到学习目的地的向导，是帮助学生并协助他找到适合自己人生方向的引路人。

然而，自主学习指导师所遇到的学生和夏尔巴人遇到的攀登者又是不同的——攀登者通常更为专业，学生则多未受过训练，他们在许多方面都很稚嫩。因此，自主学习指导师应从基础开始耐心地指导学生，并对其进行训练，逐步提高学生的能力。

老师

老师会从知识的层面教学生如何实现学习目标。自主学习指导师在自主学习指导的过程中，有时也会教学生一些科目的知识或是培养学生的学习习惯，因此，自主学习指导师也是学生的老师。注意，自主学习指导师不能把所有的知识都一股脑地告诉学生，否则学生会成为被动的受教者并逐渐对自主学习指导师产生依赖性，无法实现预期的效果。因此，如果学生想靠自己的能力做到最好，自主学习指导师就需要耐心等待。如果学生在这个过程中遇到难以解决的困难并请求帮助，自主学习指导师就需要为学生指明方向，或是和学生共同寻找方向，然后让学生根据自己的需要灵活运用学习资源进而达到学习目标。

促进者

促进者是指帮助学生快速实现拟定目标的人，即在实现目标的过程中起到强化作用的人。自主学习指导师能通过表扬和激励等方式,激发学生的学习动机和成就欲望,从而实现提高学习成绩的目标。对于学生来讲,最有效的激励是表扬和认可。学生在学习的过程中渴望得到表扬和认可,如同沙漠中的旅人渴望水。因此,自主学习指导师一旦发现学生做得不错的地方或是看到学生为之付出的努力,就要及时给予表扬。当然,表扬也需要技术。过度的表扬或是强调结果的表扬很可能会给孩子带来压力,造成负面效果。

例如,如果学生正在练字,就说一句"练字呢",表达出对他的关注即可。这种关注可以让学生在确信大人对自己重视的同时又没有压力,因此能比较自然地取得效果。

同学

"自主学习指导师需要掌握丰富的知识并善于教诲才能让学生的成绩得到提高"是一种错误的想法。

自主学习指导师没有必要也不可能掌握所有的知识。他需要做的是,当学生在学习过程中遇到问题时,能和学生保持同样的视角,乐于和学生一起去寻找、探索他不了解的知识。

重温自主学习

经过前六章的学习,想必你已对自主学习有了一定的了解。让我们重温一下什么是自主学习。

我们常会听到父母这么说:"希望孩子到小学高年级时,就可以主动、自觉地学习了。"

当提起"自主学习"时，不少人都会认为它指的就是"主动、自觉地学习"。然而，主动、自觉只不过是自主学习的一个方面。当然，即便是这个方面，对于不少成人来说也是一件不容易的事，更何况是对于那些正值青春期的孩子呢！青春期既是成长的美好阶段，又是叛逆期的代名词，巨大的情绪波动不请自来，要想使身处青春期的孩子调整好自己的情绪，主动制定目标和计划，实非易事。因此，若想做好此事，就有必要了解"自主学习"这一术语的背景及其科学定义，也有必要了解为什么自主学习对于孩子来说是必需的。

福建师范大学教师教育学院院长、教育部基础教育课程改革专家组核心成员余文森提出，学习是自主的而非他主的，这是现代学习观和传统学习观的分水岭。

可将自主学习分为以下三个方面：

- 对自己的学习活动的事先计划和安排；
- 对自己实际学习活动的监察、评价和反馈；
- 对自己的学习活动进行调节、修正和控制。

我们在这里引用华东师范大学心理与认知科学学院副院长、教授、博士生导师庞维国在《论学生的自主学习》一文中的观点：

……可以概括出自主学习的如下特征。第一，能动性。自主学习有别于各种形式的他主学习，它是学生积极、主动、自觉地从事和管理自己的学习活动，而不是在外界的各种压力和要求下被动地从事学习活动。这种自觉从事学习活动、自我调控的学习，最基本的要求是主体能动性。第二，有效性。由于自主学习的出发点和目的是尽量协调好自己学习系统中的各种因素的作用，使它们发挥出最佳效果，因此自主学习在某种意义上讲就是采取各种调控措施使自己的学习达到最优化的过程。一般来说，学习的自主水平越高，学习的过程也就越优化，学习效果也就越好。第三，相对独立性。自主学习有其独立性的一面，它要求学生在整个学习过程中尽可能摆脱对教师或他人的依赖，由自己对学习的各个方面做出选择和控制，独立地开展学习活动，但这种独立性又不是绝对的。就在校学生来说，其学习的许多方面如学习时间、学习内容等，都不可能全然由自己来决定，也不可能完全脱离教师的指导，因而还有其依赖性的一面。从这一意义上讲，我们不能把学生的学习简单地分成自主的或不自主的，而是应该从实际出发，分清其学习在哪些方面或过程中是自主的，在哪些方面或过程中是不自主的。这样，才能有针对性地对其学习施加教育影响。

在自主学习方法训练中，学生能获得自主学习指导师一对一的帮助，通过充分的交流，改善不足和强化必要的方面。通过这种方式，学生就能逐步掌握自主学习的方法。

自主学习指导师都接受过专业训练，且对自主学习有深刻理解，能帮助学生养成良好的自主学习习惯。

在一个家庭中，如果父母能起到自主学习指导师的作用，就会对孩子产生持续的积极影响，这也正是我们极力呼吁的方式。不过，如果亲子关系不太好或是孩子不喜欢被父母的干涉，那么先把孩子委托给自主学习指导师作为过渡也是一个不错的方法，甚至可以取得更好的效果。

自主学习是在上小学后至上大学前，经过不断的磨炼养成的习惯，具有重要价值。孩子一旦形成自主学习的习惯，在成年之后，他们也可以主导自己的人生，驾驭自己的生活。

> **大李有话说**
>
> 自主学习指导师应根据不同的孩子和父母采用不同的指导方法：让学生改变学习态度，成长为具备自主学习能力的人；让父母意识到自身存在的问题并去改变，逐渐转变为自主学习指导师型的父母。

自主学习指导的五个阶段

自主学习指导的目的是培养学生自主学习的习惯和能力。但由于每个孩子的自身情况不同，成长环境也存在差异，因此，要采取不同的方法与孩子沟通，并针对学生当前的情况，确定符合他的指导方法，并制订有效的指导计划。一定不要让孩子感觉只是简单地又换了一位辅导老师，而是要让他感觉自己遇到了惺惺相惜、可以分享思想的伙伴和导师。

我们将自主学习指导分为以下五个阶段（如图 7-1 所示），这些阶段不是垂直的阶梯式的，而是具有互补关系。也就是说，如果学生在各个阶段都取得了一些成果，就可以去加强其他阶段。

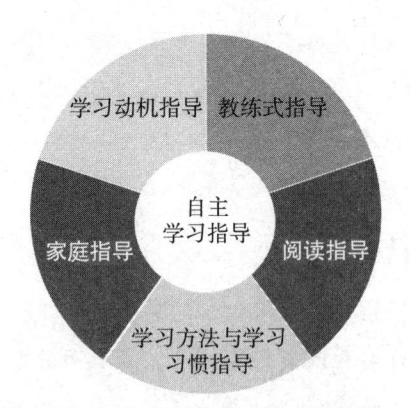

图 7-1　自主学习指导的五个阶段

学习动机指导

如果没有学习动机，学习就只能成为徒劳。即使是成绩优秀的孩子，一旦丧失学习的热情，就再也无法恢复原来的状态。学习动机指导的内容是激励孩子，并协助他制定学习目标，从而帮助他明确学习目的、士气满满。

家庭指导

家庭成员之间的和谐关系是孩子取得好成绩的前提。孩子不是因为学习好才幸福，而是因为幸福才会学习好。

处于青少年时期的孩子无论是在身体上还是在情感上都经历着激烈的变化。此时，要想让亲子间的关系和谐并非易事。如果孩子的学习成绩不理想，也会增加孩子和父母的不安感，激化亲子间的矛盾。家庭指导为亲子之间创造了沟通的机会，从而让彼此互相理解、互相关爱。

学习方法与学习习惯指导

学习成绩较好的学生，通常都会在预习、复习时有适合自己的学习方法，并形成了"预习 – 上课 – 复习 – 考试 – 总结"这种具有良性循环结构的学习习惯。

因此，在学习方法和学习习惯指导中，自主学习指导师的工作重点是协助孩子快速发现适合自己的学习方法并养成良好的学习习惯。

阅读指导

阅读和做笔记的能力是学习中最重要的能力。某地调查表明，不低于75%的小学生是在没有具备读、写等基础学习能力的情况下升入初中的。

在培养自主学习能力的过程中，独立做笔记和独立思考能力是非常重要的。教科书中的大部分语言是非文学语言，学生需要具备丰富的词汇量和背景知识，否则越是步入高年级，就越有可能觉得学习很痛苦。

教练式指导

优秀的指导师可以影响学生的一生。如果学生与优秀的指导师保持良好的关系，那么不仅能获得重要的学习信息和解决问题的建议，还可能从其身上学到人生智慧。

教练式指导是指在一定时间内（通常为3~6个月），自主学习指导师与学生一个月左右见面一次，为学生提供学习方面的必要信息、知识和人生智慧。教练式指导的重点不仅仅是传授学习方法，还包括帮助学生获得生活的智慧并建立正确的价值观，为其提供有助于理解世界变化和发展的信息，并帮助其认真阅读和学习相关书籍。在做教练式指导前，自主学习指导师要依据学生的不同情况对其进行一些先导性的指导，本书对此不进行单独的说明。

写在最后

案例

佳佳，女生，初二。

处于青春期的佳佳，性格内向，学习成绩中等，心中有很多梦想，对未来充满无限憧憬。然而，在佳佳父母眼里，她是个问题孩子。

佳佳在爷爷奶奶身边生活的时间，比在父母身边的时间长。父母忙于工作，很少与佳佳沟通，他们对于孩子的了解通常来自奶奶的"小报告"。佳佳对此很反感，表现得越发叛逆。

佳佳的妈妈焦急地找到了大李，恨不得能让他施一种魔法，让佳佳立刻发生改变。

在初次见面时，佳佳妈妈似乎很想知道谈话内容，便拜托大李让她旁听。大李同意了。

在第二次见面时，大李了解到，佳佳在学习时通常是想到哪儿就做哪儿。大李对她说："佳佳，我需要了解你的学习量和各科目的学习习惯。希望你从今天开始，每天写学习日记。"

"啊？写这个好烦啊！"

"你每天不用写太多，只写当天学习的科目和内容就可以了。例如，英语教科书第三课读两次，数学××习题集第37~38页。也就是说，写这个是为了确认你每天的学习量。一周之后，你可以借助学习日记回顾你的学习量，这对你制订学习计划很有帮助。"

佳佳有点不情愿地说："知道了，我试试吧。对本子有要求吗？"

"写在什么样的本子上都行，整洁就好。"

四天后，凌晨一点。佳佳妈妈发来一条信息："老师，佳佳没有任何变化，也没写学习日记。"

第二天，大李打电话给她："佳佳妈妈，不要担心，我让佳佳写学习日记，只是为了确认佳佳的学习量而已。如果她没写，也没关系，我们稍后用教科书确认。才刚刚一周，学习量也不会很大，很容易确认。"

佳佳妈妈问："可是，佳佳怎么那么不听话呢？写写也不错啊，又不难！"

"是，很多孩子都是这样的，没什么大不了。他们大多可能是因为以前没写过，会觉得写这个很烦。"

在第三次见面时，大李看到佳佳的学习桌上放着一本之前他没见过的笔记本，便好奇地问："这是什么？"

佳佳挤了挤眼睛，有些得意地说："学习日记啊！"

原来，自从和大李初次见面后，佳佳每天都坚持写学习日记。可是，为什么她的妈妈对此毫不知情呢？因为佳佳太了解妈妈了，不想让妈妈干涉太多，于是故意将学习日记藏了起来。

155

佳佳说，她通过写学习日记，逐渐清楚了自己的问题，包括学习量小、偏科、准备考试的时间不足等。她的学习态度也由此转变了很多。相比之下，父母对她的干涉也少了，甚至很少表扬。佳佳的爸爸也说："佳佳，你现在真的在用心学习了！"

大李听后很欣慰，并与佳佳的父母说："我能感觉到你们很在意孩子，但如果总因为奶奶的'小报告'而让佳佳反感，不仅会不利于佳佳的身心健康，还会让亲子关系恶化。对此，我建议你们再听到这些时，不妨与佳佳确认——目的并不是去核实，而是去了解情况，也就是让孩子站在自己的角度去说明事情的来龙去脉，并与孩子确认自己对此事想表达什么。如果别人出现了误解，那么还要告诉孩子为什么别人会这样认为，以及在被别人误解后，孩子可以怎么做。"

💡 大李有话说

孩子在学习的过程中需要反思，这样才能树立新的目标并制订可行的计划，逐渐转变成自我主导型学生。不过，这个过程是需要慢慢来的，不能强迫孩子去做，否则只会让他离自主学习越来越远。

读到这里，相信你已对自主学习指导师有一些了解了。如果你能因为本书而希望成为自主学习指导师型父母，或是去做专业的自

主学习指导师,以帮助更多的孩子和父母,我们将备感欣慰。

学习如同一场马拉松比赛,孩子是选手,父母是教练。愿所有父母都能帮助孩子走上更积极、健康的成长之路,用更高效的方式去学习。

成为自主学习指导师并不难,相信你也可以的!

后　记

　　书稿终于完成了，虽然有很多不尽如人意的地方，但确实感觉如释重负，成就感油然而生，不禁回想起很多往事。

　　时光荏苒，从事自主学习教育整整10个年头，期间经历过的坎坷、挫折、喜悦、感动……无法一一言表。

　　这本书是我们团队的宝贵资产，它不仅是我们多年来一线指导经验的结晶，更承载着我们的梦想、价值观、汗水与心血，也是我们今后努力的起点。

　　在无数个深夜，我用键盘将这本书稿一字一句敲打出来时，内心总是抑制不住地激动，尤其是在写作案例时，当时指导的情景又会浮现在脑海中，孩子们通过我们的指导发生改变、爱上学习，更是让我备感欣慰。

　　感谢那些我们曾经指导过的孩子和家长，因为有你们的存在，我们才能逐渐成长。

感谢正在成长中的自主学习指导师，因为有了你们的加入，我们才不会那么孤独。

特别感谢金香希、朱文文老师为审校此书所做的贡献，以及出版社编辑为本书所付出的努力。

最后，感谢我们的家人，因为工作的繁忙，疏于对你们的照顾，我们很惭愧。你们是我们最大的安慰。

路漫漫其修远兮，吾将上下而求索……

愿每个孩子都能走正确的成长之路，践正确的学习之道。

정형권의 학습코칭 다이어리
ISBN：978-89-94857-50-3
Copyright © 郑炯权 Jeong-HyungKweon

정형권의 학습코칭 다이어리（《郑炯权的学习指导日志》）一书的版权归郑炯权所有，韩文版由 RaoBook 出版社出版。未经版权所有者许可，不得以抄袭、复制或者节录本书的任何部分。本书中文简体字改编版由郑炯权授权中国人民大学出版社在中国大陆范围内以纸质平装本图书形式出版发行。未经出版者许可，任何机构与个人不得以任何形式进行复制或节录本书的任何部分。
版权所有，侵权必究。

项目合作：北京一诺世纪教育咨询有限公司
联系方式：2318006323@qq.com

北京阅想时代文化发展有限责任公司为中国人民大学出版社有限公司下属的商业新知事业部,致力于经管类优秀出版物(外版书为主)的策划及出版,主要涉及经济管理、金融、投资理财、心理学、成功励志、生活等出版领域,下设"阅想·商业""阅想·财富""阅想·新知""阅想·心理""阅想·生活"以及"阅想·人文"等多条产品线,致力于为国内商业人士提供涵盖先进、前沿的管理理念和思想的专业类图书和趋势类图书,同时也为满足商业人士的内心诉求,打造一系列提倡心理和生活健康的心理学图书和生活管理类图书。

《聪明养育:给孩子更好的父母》

- 比"成为"父母更重要的是"胜任"父母。
- 随书附赠价值129元的同名线上课程。
- 张思莱、张怡筠作序,樊登、凯叔、倪萍、刘璇推荐。

《让孩子成为独一无二的自己》

- 好的教育就是尊重儿童的先天气质,顺性而为,从而成就孩子独一无二的潜能。
- 随书附罗静博士主讲的《原生家庭》在线课程(赠价值199元)。
- 张侃作序,高文斌、梅建、彭琳琳、王人平、王书荃、邬明朗、杨澜、张思莱、周洲联袂推荐。

使用说明

本指导手册是基于《孩子是选手,父母是教练:如何有效培养孩子的自主学习习惯》一书的内容,旨在向读者提供可以有效指导学生养成自主学习习惯的工具书。

本指导手册包含九节课,覆盖了动机、方法、管理三个核心要素,系统地介绍了课程设计及授课方式。在"自主学习指导札记"中,我们与自主学习指导师分享了我们的经历,供诸位参考。

本指导手册适用于学校班会课、民办教育机构的课后课、一对一指导、寒暑假特训营等多种不同的教学情境,具有高度的实操性。

使用本指导手册时,无须按既定的目录(顺序)进行教学,可根据实际情况灵活调整授课的顺序和方式。

为了提高授课和指导的质量,建议参加专业的自主学习指导师岗位能力培训,提高自身的理论素养,强化实战能力。

特别感谢10多年来一直耕耘在自主学习教育一线的金香希、朱文文老师以及奉献了自己假期的杜牧老师,有了你们的参与和支持,让本指导手册变得更具实操性。杜牧老师负责撰写第1课至第3课,香希老师负责撰写第4课至第6课,文文老师负责撰写第7课至第9课。

最后,我们衷心感谢所有曾经与我们一起指导学生、完善指导工具的同路人!

目 录

第1课 踏上梦想之旅 // 001

　　概要 // 001
　　课程设计 // 001
　　注意事项 // 002
　　具体内容 // 003

第2课 制定目标 // 010

　　概要 // 010
　　课程设计 // 010
　　注意事项 // 011
　　具体内容 // 011

第3课 制订每日计划 // 016

　　概要 // 016
　　课程设计 // 016
　　注意事项 // 017
　　具体内容 // 017

第 4 课　构建学习的良性循环　// 023

概要　// 023
课程设计　// 023
具体内容　// 024

第 5 课　集中注意力　// 029

概要　// 029
课程设计　// 029
注意事项　// 030
具体内容　// 030

第 6 课　笔记策略　// 035

概要　// 035
课程设计　// 035
注意事项　// 036
具体内容　// 036

第 7 课　时间管理　// 039

概要　// 039
课程设计　// 039
具体内容　// 040

第 8 课　考试管理　// 045

概要　// 045

教学过程　// 045

具体内容　// 046

第 9 课　环境管理　// 051

概要　// 051

教学过程　// 051

具体内容　// 052

自主学习指导札记　// 057

第 1 课

踏上梦想之旅

概要

指导目标	让学生思考梦想的定义和实现梦想的基本条件 帮助学生掌握寻找梦想的方法 让学生认识到梦想的重要性	时间		85 分钟
		准备的资料	自主学习指导师	活动资料 阅读资料
			学生	活动资料 阅读资料

课程设计

流程	主题	具体内容	方法	准备的资料	时间
导入	课堂目标	介绍本节课的目标、内容及方法	讲授		5 分钟
展开	实现梦想的人们	分享一些实现梦想的成功人士的案例	播放视频 & 小组讨论和分享	活动资料 1.1	25 分钟
	梦想的定义	让学生定义梦想	讲授 & 个人活动	活动资料 1.2	10 分钟

续前表

流程	主题	具体内容	方法	准备的资料	时间
展开	梦想地图	学会借助梦想地图寻找自己的梦想	讲授&个人活动	阅读资料1.1 活动资料1.3	15分钟
	梦想的基本条件	让学生思考实现梦想的基本条件包括什么	讲授&互动		10分钟
	梦想清单	根据梦想地图和实现梦想的基本条件,重新梳理自己的梦想清单	个人活动&作业	活动资料1.4	15分钟
总结	总结和反馈	总结本节课的内容并介绍下节课的内容	讲授&互动		5分钟

注意事项

- 由于不少学生长期处于被动学习的状态,因此唤醒其梦想和内驱力是自主学习和主动规划生涯的第一步,也是尤为关键的一步。
- 由于不少学生都未曾认真思考过自己的梦想,因此制作梦想地图和梦想清单需要一定的时间,如果条件允许,就要尽量多地安排一些时间让学生思考。尤其是梦想清单,可以作为课后作业继续跟进和指导。
- 鼓励父母接受关于梦想和生涯探索的培训,辅助自主学习指导师的工作,并让父母成为学生实现梦想的支持者。
- 要充分利用课前、课后的时间,尽可能确保学生有充足的时间进行探索活动。

第 1 课　踏上梦想之旅

具体内容

导入	课堂目标（5 分钟）
介绍本节课的目标、内容及方法	让学生了解梦想的重要性 让学生思考梦想的定义和实现梦想的基本条件 帮助学生掌握寻找梦想的方法

小贴士

- 良好的课堂导入可以激发学生的学习兴趣，营造生动活泼的学习氛围。可采用多种导入方式，如讲故事、看视频、听音乐、游戏活动、提问题等。
- 自主学习指导师可在本指导手册的基础上尽情发挥创意，设计出符合实际情况和学生特点的最佳教学方案。

展开（1）	实现梦想的人们（25 分钟）
分享一些实现梦想的成功人士的案例	观看视频（10 分钟） • 从观看与梦想有关的视频自然过渡到授课模式，起到破冰的作用 • 在观看视频过程中，自主学习指导师要注意观察每位学生的表情、行为变化，这有助于提高授课效率 • 视频结束后，自主学习指导师要通过向学生提问来引导他们思考视频中的主人公有什么样的特点

003

续前表

展开（1）	实现梦想的人们（25分钟）
分享一些实现梦想的成功人士的案例	实现梦想的人们（利用活动资料1.1）(15分钟) • 引导学生思考和讨论"实现梦想的人"的案例，可以是一些成功人士实现梦想的实例，也可以是一些普通人或家庭成员的故事 • 分小组讨论，然后让每个小组选出一名代表来与全体学生分享 • 在分享的过程中，自主学习指导师可通过适当的提问引导学生思考诸如"这些实现梦想的人有哪些共同点""要想实现梦想应具备哪些条件"等

> 💡 **小贴士**
>
> - 视频内容应积极向上，从而激发学生的内驱力，为本节课做好前期铺垫。可参考《泰国渔村足球队的故事》《阿里云的创业故事》等。
> - 可让学生提前搜集和调查一些"实现梦想的人们"的实例。

展开（2）	梦想的定义（10分钟）
让学生定义梦想	引导学生思考梦想的定义（利用活动资料1.2） • 自主学习指导师向学生讲解几位名人的梦想故事，帮助学生思考梦想的特点 • 引导学生根据思考的结果，说出自己对梦想的定义 • 自主学习指导师给出自己对梦想的理解和定义，比如，"梦想是连做梦都想做到的事情""梦想是能够支持人们在遇到困境时走下去的动力""梦想是成就未来的我"

第1课 踏上梦想之旅

> 💡 **小贴士**
>
> 自主学习指导师需事先了解和准备一些名人成就梦想的故事。故事的主人公最好选择学生比较熟悉和敬仰的当代人物。

展开（3）	梦想地图（15分钟）
让学生学会借助梦想地图寻找自己的梦想	梦想达人——美国探险家约翰·戈达德（利用阅读资料1.1）（5分钟） • 可以采取翻转课堂的模式，自主学习指导师先简要介绍戈达德的故事，让学生提前在课下阅读戈达德的相关资料，了解更多的详细信息。这种模式也有利于提高学生在课堂上的专注力 • 有效利用课前、课后的时间，以确保能够充分展开讨论 制作我的梦想地图（利用活动资料1.3）（10分钟） • 介绍梦想地图常可分为四个维度——想得到的、想成为的、想去的、想成就的。也可以灵活地划分为五六个维度，甚至更多 • 引导学生按照梦想地图的分类，制作自己的梦想地图 • 提醒学生，最关键的不是梦想是否远大、听起来是否高大上，而是要找到真正属于自己的梦想，而非他人给予的梦想。哪怕梦想再微小，只要通过自己的努力实现梦想，就能获得成就感，提高自信心，进而萌生更大的梦想并据此制定更具挑战性的目标

> 💡 **小贴士**
>
> 介绍戈达德的案例，并不是要求学生效仿他的生活方式，而是倡导学生学习他勇于挑战和不懈努力的精神品质。

005

展开（4）	实现梦想的基本条件（10 分钟）
让学生思考实现梦想的基本条件包括什么	自主学习指导师通过提问，引导学生思考实现梦想的基本条件（5 分钟） • 是不是所有的梦想都能实现 • 对你而言，最重要的梦想是什么 • 什么样的梦想才是真正的梦想 自主学习指导师讲解实现梦想的三个基本条件（5 分钟） • 做自己喜欢做的事情 • 做自己能做好的事情 • 做有价值的事情

小贴士

实现梦想的三个基本条件与生涯规划密切相关。在规划生涯、探索自我的过程中，学生需要了解自己的兴趣、能力和职业价值观，这与实现梦想的三个基本条件也是对应的。

展开（5）	梦想清单（15 分钟）
根据梦想地图和实现梦想的基本条件，重新梳理自己的梦想清单	梦想清单的使用方法（利用活动资料 1.4）（5 分钟） • 自主学习指导师向学生讲解如何制作梦想清单，用举例说明的方式效果更佳 我的梦想清单（利用活动资料 1.4）（10 分钟） • 让学生参考梦想地图，制作自己的梦想清单 • 让学生在课后继续完善梦想清单并提交给自主学习指导师

第1课 踏上梦想之旅

> 💡 **小贴士**
>
> - 自主学习指导师提前制作自己的梦想清单并向学生展示,这不仅可以起到指导作用,还有利于学生积极参与。
> - 由于确定梦想需要持续的思考,需要一定的时间,因此,仅靠课堂时间无法获得期待的效果。对此,自主学习指导师需要充分调动学生的自主性,有效利用课前、课后的时间。
> - 对于学生首次提交的梦想清单的期待值不宜太高。因为大多数学生平时从未思考过梦想和生涯目标的相关问题,他们普遍存在梦想和目标不清晰的问题,这也是梦想课非常重要的原因。梦想课是学生生涯教育的起点。

总结	总结和反馈(5分钟)
总结本节课的内容并介绍下节课的内容	填写反馈表 • 总结反馈本节课上学到的、感受到的内容、产生的疑问等
	介绍下节课的内容 • 介绍下节课的内容,可布置一些课前作业

活动资料1.1:实现梦想的人们

请你讲述一个你认识或听说过的实现了梦想的人的故事,重点讲述这个人是如何实现梦想的。

_____

_____

活动资料1.2：梦想的定义

你认为梦想是什么？请写下你对梦想的理解。

_____

_____

活动资料1.3：梦想地图，踏上梦想之旅

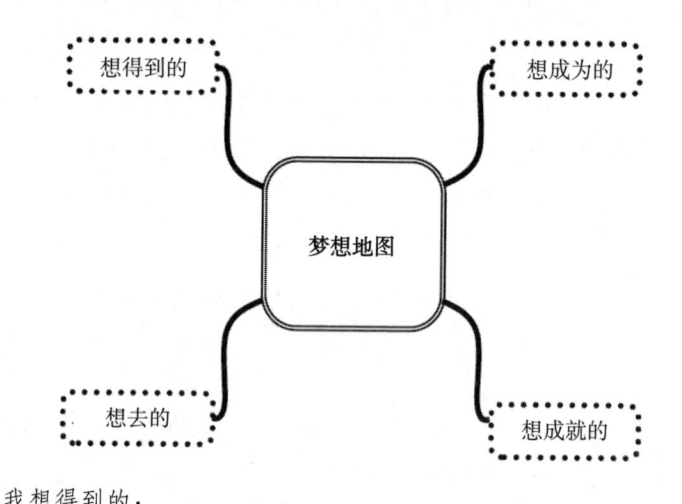

```
  想得到的              想成为的

          ┌─────────┐
          │  梦想地图  │
          └─────────┘

  想去的                想成就的
```

我想得到的：_____

我想去的：_____

我想成就的：_____

我想成为的：_____

阅读资料1.1：梦想达人——约翰·戈达德

1944年的某个下午，一个15岁的美国少年听到奶奶和别人聊天时感叹道："如果我在年轻时做了这些事情该多好啊！"少年暗下决心：我一定不要像奶奶一样，因为这些而后悔！

于是，少年立即拿出了铅笔和黄色便条，在其顶端写上了"我的生命清单"，然后逐一写下自己一生中需要做到的事情、想去的地方、想学的知识。结果，他竟然记下了127个梦想。从那时起，他便随身携带着自己的生命清单，一个一个地去实现。2013年，在他去世前，他实现了117个梦想。

这个少年就是美国探险家约翰·戈达德。

活动资料1.4：制作我的梦想清单

序号	目标	时限	重要程度	实现与否	实现年份
1					
2					
3					
4					
5					

第 2 课

制定目标

概要

教学目标	让学生了解目标的作用 让学生了解、掌握制定目标的 SMART 原则 引导学生了解、制定长期、中期、短期目标和其他目标	时间		50 分钟
		准备的资料	自主学习指导师	活动资料
			学生	活动资料

课程设计

流程	主题	具体内容	方法	准备的资料	时间
导入	课堂目标	介绍本节课的目标、内容及方法	讲授		5 分钟
展开	目标的作用	解释目标的作用	讲授		10 分钟
	SMART 原则	帮助学生了解、掌握制定目标的 SMART 原则	讲授 & 个人活动		10 分钟
	各阶段目标	介绍长期、中期、短期目标及其意义	讲授		5 分钟

第 2 课　制定目标

续前表

流程	主题	具体内容	方法	准备的资料	时间
展开	制定自己的目标	让学生根据 SMART 原则，制定自己的长期、中期、短期目标（包括本学期多维度目标、成绩目标）等	讲授 & 个人活动	活动资料 2.1~2.3	15 分钟
总结	总结和反馈	总结本节课的内容并介绍下节课的内容	讲授 & 互动		5 分钟

注意事项

- 通过澄清梦想和目标的关系，让学生了解目标就是有时限的梦想，在为实现梦想而去学习的过程中，应把制定目标放在优先地位。
- 提醒学生在制定各个目标时，要遵循 SMART 原则。

具体内容

导入	课堂目标（5 分钟）
介绍本节课的目标、内容及方法	让学生了解目标的作用 让学生了解、掌握制定目标的 SMART 原则 让学生制定自己的目标
展开（1）	目标的作用（10 分钟）
解释目标的作用	讲解 • 通过讲解舒茨对目标的理解（目标是自主学习的核心构成部分）来引导学生更深入地理解目标的作用，并向学生解释目标的定向功能、调节功能、评价功能

续前表

展开（1）	目标的作用（10 分钟）
解释目标的作用	• 自主学习指导师要注意观察每个学生的表情、行为的变化，这将有助于提高授课质量 • 自主学习指导师要通过提问引导学生思考目标的作用，激发学生的思考意识
展开（2）	SMART 原则（15 分钟）
帮助学生了解、掌握制定目标的 SMART 原则	向学生解释制定目标的 SMART 原则 • S：specific（具体的），即能够清晰、明确地描述目标。如"我本月的目标是要做到不熬夜、减肥成功"这样的目标就是不具体的，具体的目标应表述为"这个月我要做到每晚 9 点睡觉、瘦 5 斤" • M：measurable（可衡量的），即目标应是可以被量化的、可以判断能否达到的。如"这次期末英语考试，我要在原有的基础上提高 5 分" • A：action-oriented（行动导向的），即目标要注明为了实现目标要去做什么事情。如将"我要在本月更加注意身体健康"改为"我要每天跑步半小时""每周打两次羽毛球"等 • R：realistic（现实的），即目标要通过努力可以实现，"跳一跳就能够得着"。比如目前考试分数稳定在 60 分左右，就不能直接将下一次的考试目标定在 90 分，而是在自己能力范围内能达到的 • T：time-bound（有时限的），即完成目标要有时间限制。如"我要在两个小时之内写完语文作业"
展开（3）	各阶段目标（5 分钟）
介绍长期、中期、短期目标及其意义	为实现生涯梦想，应设置长期、中期和短期的目标 • 长期目标是一个职业目标；中期目标则是为了实现这个职业目标而制定的一个关于上什么大学、选择什么专业的目标；短期目标则可以聚焦本学期的各个维度。学期的多维度目标是指如学业、身体、情绪等维度要实现什么目标；成绩目标则要依据现实情况制定各科目成绩目标、排名目标

💡 小贴士

为更好地启发学生认识到各阶段目标的意义,自主学习指导师可以给学生分享一项针对哈佛商学院硕士毕业生的调查。

在这项调查中,研究者了解了他们有无目标,以及是否明确记录目标的情况。调查结果表明:27% 的学生没有目标,60% 的学生目标模糊,10% 的学生有短期目标,3% 的学生有明确的、长期的目标和愿景。

25 年后,研究者又追踪调查了这些人的收入情况,结果表明:当时有短期目标的人(10%)的收入是没有目标的人(27%)加上目标模糊的人(60%)的三倍,而有明确的、长期的目标和愿景的人(3%)的收入是其余所有人总和的 10 倍。

在这项调查中,被试的智商相差无几,他们在 25 年后的收入为何有如此大的差距?原因就在于,他们是否设定了明确的目标并为此而努力。

展开(4)	制定自己的目标(15 分钟)
让学生根据 SMART 原则,制定自己的长期、中期、短期目标(包括本学期多维度目标、成绩目标)等	制定各阶段目标(利用活动资料 2.1)(5 分钟) • 引导学生按照 SMART 原则,制定自己的长期、中期、短期目标 • 目标是具有时限的梦想,梦想是目标的积累。梦想的实现是由达到一个个的目标积累成的,目标实现得越多,梦想离得越近

续前表

展开（4）	制定自己的目标（15分钟）
让学生根据SMART原则，制定自己的长期、中期、短期目标（包括本学期多维度目标、成绩目标）等	制定本学期多维度目标（利用活动资料2.2）（5分钟） • 自主学习指导师在讲解本学期目标的制定时可参考的维度：学业、体力、关系、智力、情绪等 制定本学期成绩目标（利用活动资料2.3）（5分钟） • 制定本学期成绩目标时，可以以上学期成绩为基准。例如，上次语文成绩是78分，那么可将本次考试的目标成绩设定为80分

> 💡 **小贴士**
> - 在学生制定目标时，提醒他们要记得遵循SMART原则。
> - 引导学生思考应根据目标制订什么样的计划、如何实施。

总结	总结和反馈（5分钟）
总结本节课的内容并介绍下节课的内容	填写反馈表 • 总结反馈本节课学到的、感受到的内容、产生的疑问等 介绍下节课的内容 • 介绍下节课的内容，可布置一些课前作业

活动资料2.1：制定各阶段目标

长期目标：我想从事什么职业？

中期目标：为了实现职业目标，我想考哪所大学，选择哪个

第 2 课　制定目标

专业？

短期目标：在下次考试中，我对自己各科的分数和总体排名有什么期待？

活动资料 2.2：制定本学期多维度目标

分类	具体目标（遵循 SMART 原则）
学业	
体力	
关系	
智力	
情绪	

活动资料 2.3：制定本学期成绩目标

区分	科目					排名
	语文	数学	英语			
上学期目标						
本学期目标						

你制定目标的依据是什么？

第3课

制订每日计划

概要

教学目标	让学生了解每日计划的作用 着重帮助学生掌握制订每日计划的步骤和方法 让学生利用每日计划本制订计划	准备的资料	时间	60 分钟
			自主学习指导师	活动资料
			学生	活动资料

课程设计

流程	主题	具体内容	方法	准备的资料	时间
导入	课堂目标	介绍本节课的目标、内容及方法	讲授		5 分钟
展开	每日计划的作用	解释每日计划的作用	讲授 & 小组讨论和分享		10 分钟
	每日计划的结构及制订原则	介绍每日计划的结构并帮助学生掌握制订每日计划的原则	讲授		20 分钟

第3课 制订每日计划

续前表

流程	主题	具体内容	方法	准备的资料	时间
展开	利用计划本制订每日计划	介绍每日计划本的用法，并让学生利用每日计划本制订自己的每日计划	讲授&个人活动	活动资料3.1	20分钟
总结	总结和反馈	总结本节课的内容并介绍下节课的内容	讲授&互动		5分钟

注意事项

- 通过让学生思考目标和计划的关系以了解在为达成目标而学习的过程中，应看到每日计划的重要性；同时还应提醒学生，在制订计划时应遵守目标导向。
- 在介绍制订每日计划的步骤和注意事项时，要重点说明如何确定多项计划的优先顺序。

具体内容

导入	课堂目标（5分钟）
介绍本节课的目标、内容及方法	让学生了解每日计划的作用 着重帮助学生掌握制订每日计划的步骤和方法 让学生利用每日计划本制订计划

017

续前表

展开（1）	每日计划的作用（10分钟）
解释每日计划的作用	讲解（5分钟） • 在已经学习过目标相关知识的基础上，自主学习指导师可通过讲解目标与计划的关系，启发学生认识到制订计划对于实现目标的重要意义 • 在计划系统中，应按照每日计划、每周计划、月度计划、年度计划的顺序来制订和执行。因此，总体来看，做好每日计划是制订、实施其他计划的基础和前提 讨论与分享（5分钟） • 组织学生讨论并分享讨论结果。在聆听分享时，自主学习指导师要注意提问，让学生自己思考每日计划的作用，激发学生的思考能力，也可提高授课质量

> **小贴士**
>
> 目标是靶，计划是箭。计划是完成目标的支持系统，是描述可以运用资源达到预先设定的学习目标的途径和方法。自主学习指导师可以通过举例子、讲故事等方式使学生意识到计划的重要意义，从而激发学生制订每日计划的动机。

展开（2）	每日计划的结构及制订原则（20分钟）
介绍每日计划的结构并帮助学生掌握制订每日计划的原则	自主学习指导师向学生讲解每日计划的结构及制订每日计划的原则 每日计划从结构上看，大致包括以下六个方面： • 学什么，即学习的科目

续前表

展开（2）	每日计划的结构及制订原则（20分钟）
介绍每日计划的结构并帮助学生掌握制订每日计划的原则	• 怎么学，即学习的形式、使用的工具（比如，是使用教科书还是习题集）等 • 学多少，即具体学习范围和内容 • 学多长时间，即预估完成各项任务所需的大致时间 • 任务优先顺序，即为各项任务排序，从而更加高效率、高质量地完成任务，取得最佳效果 • 如何评价完成效果，即对计划的执行情况进行总结反思，以便根据这些总结和反馈制订下一步的行动计划 任务优先顺序的安排十分重要，其原则是"要事第一"，即把每日计划中最难的任务排在第一位，以保证有足够的精力和意志力完成任务；次级难的任务可以放在最后；其他任务可以采用文理科目交替的方式交叉安排在中间

💡 小贴士

按照上述结构和原则制订每日计划时还应注意以下几点。

- 学会分解任务。有些任务工作量庞大，可能需要好几天才能完成，为减轻压力并合理分配时间，可将大任务分解成小任务，按照实际任务期限规划每天的任务量。

- 合理估算时间，根据自身能力和任务难度预估完成各项任务所需的大致时间。

- 在实际执行任务的过程中，难免会遇到突发情况或实际任务和预想有差别。因此，在规划任务时间时，需要预留出一定的机动时间。

- 在一天结束的时候，要根据当天的计划实施情况做好总结和反馈，然后再根据这些总结和反馈制订下一步的行动计划。

展开（3）	利用每日计划本制订每日计划（20分钟）
介绍每日计划本的用法，并让学生利用每日计划本制订自己的每日计划	介绍每日计划本的使用方法（5分钟） • 科目，即要学习的科目是什么 • 今天的安排，即今天的学习量如何 • 完成的结果：〇代表全部完成；△代表完成一部分，没有完全完成；×代表没有完成 • 满意度，即给自己打分 利用每日计划本制订每日计划（利用活动资料3.1）（15分钟） • 帮助学生利用每日计划本制订属于自己的每日计划 • 在制订计划的过程中，要严格参照每日计划的结构及制订原则 • 举例说明，效果更佳

小贴士

在利用每日计划本制订计划时，自主学习指导师应提醒学生注意以下几点：

- 事情的优先顺序很重要，要学会区分；
- 时间安排要合理，要按一定的规则分配；
- 计划制订得越具体越好；
- 要求自己在计划的时间内完成计划；

第 3 课　制订每日计划

- 评估计划很重要，每天都要评估自己的执行情况和计划的制订情况；
- 一旦发现不合理的地方就要及时调整计划；
- 遇到阻碍因素，积极思考解决方法；
- 坚持使用每日计划本来管理日计划。

总结	总结与反馈（5 分钟）
总结本节课的内容并介绍下节课的内容	填写反馈表 • 总结反馈本节课上学到的、感受到的内容及产生的疑问等
	介绍下节课的内容 • 介绍下节课的内容，可布置一些课前作业

活动资料 3.1: 每日计划

每日计划

日期	月　　日　　星期		
起床时间		入睡时间	
科目	今天的安排	具体时间	结果 （○、△、×）
学习满意度	满分 100 分，今天是（　　）分		
值得夸奖的事情 需要反省的事情			
备注			

# 第4课

构建学习的良性循环

概要

指导目标	让学生了解学习的基本流程，即学习的良性循环 让学生了解预习、听课、复习之间的关系 让学生掌握听课、预习、复习的策略	时间	50分钟
		准备的资料	自主学习指导师	活动资料
			学生	活动资料

课程设计

流程	主题	具体内容	方法	准备的资料	时间
导入	课堂目标	介绍本节课的目标、内容及方法	讲授		5分钟
展开	学习的流程	了解预习、听课、复习之间的关系	讲授	活动资料4.1	5分钟
	听课策略	介绍听课的重要性及听课要领	讲授 & 个人活动	活动资料4.2	10分钟

续前表

流程	主题	具体内容	方法	准备的资料	时间
展开	预习策略	介绍预习的重要性及预习的步骤	讲授 & 互动		15 分钟
	复习策略	介绍复习的重要性及复习方法，做好复习的时间安排	个人活动 & 作业	活动资料 4.3	10 分钟
总结	总结和反馈	总结本节课的内容并介绍下节课的内容	讲授 & 互动		5 分钟

具体内容

导入	课堂目标（5 分钟）
介绍本节课的目标、内容及方法	让学生了解学习的基本流程 让学生了解预习、听课、复习之间的关系 让学生掌握有效的预习、听课、复习方法
展开（1）	学习的流程（5 分钟）
了解预习、听课、复习之间的关系	提问 • 预习、听课、复习三者之间有哪些相互促进作用 讲解学习的基本流程（即学习的良性循环）（利用活动资料 4.1） • 预习可以提高听课的效率，进而提高复习的效率，节省投入的时间，从而留出更多的时间来预习、阅读等 • 预习是为了提高听课的兴趣，听课有助于打好学习的基础，复习是为了把学习的内容变为己有
展开（2）	听课策略（10 分钟）
介绍听课的重要性及听课要领	让学生做连线题（利用活动资料 4.2）（2 分钟） 介绍听课的重要性（4 分钟） • 学生在学校的时间最长。学习好的学生一定能利用好在校时间

第4课　构建学习的良性循环

续前表

展开（2）	**听课策略（10分钟）**
介绍听课的重要性及听课要领	• 学习基本的概念和原理。在学校主要学习基本的概念和原理。只有掌握了概念和原理，才能拓展学习、深度学习、听网课、上辅导班等 • 可以更好地预测考试题。只要认真听课，就可以掌握老师讲的重点内容，从而能更好地预测考试题 • 可以学到教科书中的知识之外的很多有益的内容。在学校不仅可以学到学科知识，还可以提高建立人际关系的能力、解决问题的能力、创造力、社会实践能力等 掌握听课要领（4分钟） • 听课态度要端正，眼睛盯着老师和板书；倾听老师的授课内容，切断旁边的噪音；挺直腰，身体稍向前倾 • 做好笔记，将老师讲的重点内容记录下来；当老师为了强调某个内容而提高语调/重复某个内容/强调重要性/举例说明/总结时，更要注意记笔记
展开（3）	**预习策略（15分钟）**
介绍预习的重要性及预习的步骤	介绍预习的重要性（10分钟） • 预习的本质：提前调查和研究需要学习的内容，使学生能在听课时保持专注，激发学习动机，提高对学习的自信心 • 预习的心态：预习与强制性的作业是不同的。预习更多取决于学生想学好的心态，因此更要让学生了解预习的重要性 • 预习的分类：预习分为轻度预习、深度预习。自主学习提倡轻度预习，即带着轻松的疑问进入课堂 • 预习时间最好安排在上课前一天的下午或是晚上。如果没能及时安排预习，就要利用上课前的3~5分钟快速浏览一遍，同样能提高上课时的听课质量 • 为什么要预习：预习是提高听课质量的最有效的方法；预习是建立良好的师生关系的重要手段

续前表

展开（3）	预习策略（15分钟）
介绍预习的重要性及预习的步骤	介绍预习的步骤（5分钟） • 回顾前一节课的内容 • 浏览这一节课的内容：看主题和目录；看图表和图片；通篇阅读一至两遍；发现疑问点，记录提问

展开（4）	复习策略（10分钟）

介绍复习的重要性及复习方法，做好复习的时间安排	介绍复习的重要性（利用活动资料4.3）（3分钟）
	• 自主学习指导师展示艾宾浩斯的遗忘曲线，让学生发表观点
	• 讲解了解遗忘曲线的意义
	介绍复习的方法（4分钟）
	• 同步复习
	  – 听课过程中回想内容并复习
	  – 在预习或听课的过程中，将浮现的内容关联起来，同步、随时进行复习
	• 立即复习
	  – 一节课结束后，立即复习核心内容
	  – 针对刚学习的内容，从整体上有个了解，进行结构化并搭建体系
	• 回顾复习
	  – 学习之后，定期、不定期地进行回顾
	  – 睡觉前、上学路上、周末、每个月、每季度等，看笔记或默念记忆的内容
	  – 将学到的内容与之前积累的知识关联起来，复习能够看到整体，并赋予意义
	复习的时间安排（3分钟）
	• 启发学生根据艾宾浩斯的遗忘曲线的规律来安排复习时间

续前表

展开（4）	复习策略（10分钟）
介绍复习的重要性及复习方法，做好复习的时间安排	• 复习的时间安排可参考以下内容 　– 课间复习 　– 放学后复习 　– 睡觉前复习 　– 周末复习 　– 月考前复习 　– 期中考试前复习 　– 期末考试前复习
总结	总结和反馈（5分钟）
总结本节课的内容并介绍下节课的内容	填写反馈表 • 总结反馈本节课上学到的、感受到的内容、产生的疑问等 介绍下节课的内容 • 介绍下节课的内容，可布置一些课前作业

活动资料 4.1：学习的基本流程

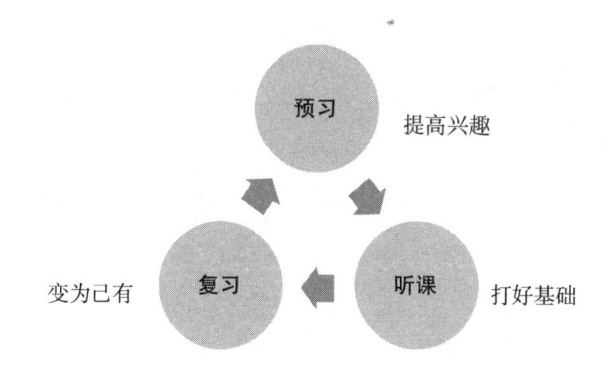

```
           ┌─────┐
           │ 预习 │      提高兴趣
           └─────┘
            ↗   ↘
     ┌─────┐   ┌─────┐
变为己有 │ 复习 │ ← │ 听课 │   打好基础
     └─────┘   └─────┘
```

027

活动资料 4.2：听课的重要性

连线题

1. 学生在学校的（　　　）。　　　　　　　学科知识
2. 学习基本的（　　　）和原理。　　　　　考试题
3. 可以更好地预测（　　　）。　　　　　　时间最长
4. 可以学到（　　　）之外的内容。　　　　概念

活动资料 4.3：艾宾浩斯遗忘曲线

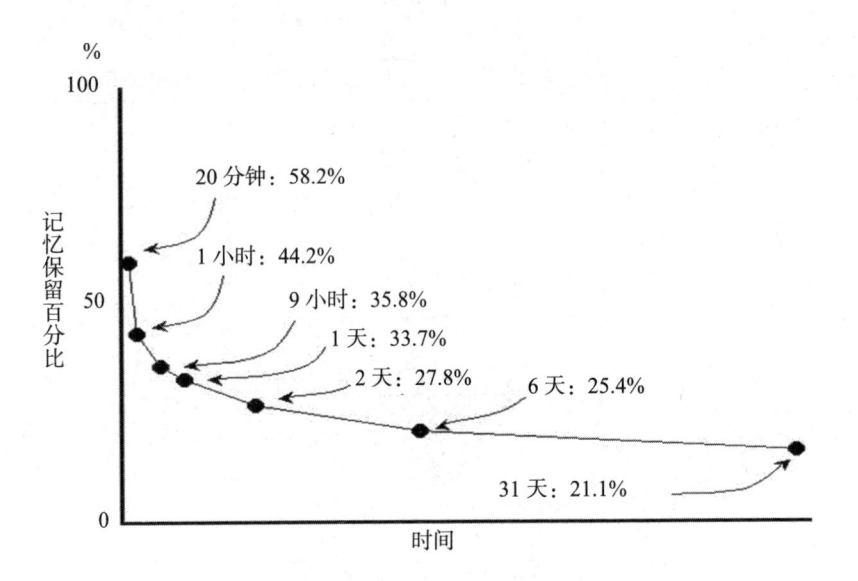

%
纵轴：记忆保留百分比
横轴：时间

- 20 分钟：58.2%
- 1 小时：44.2%
- 9 小时：35.8%
- 1 天：33.7%
- 2 天：27.8%
- 6 天：25.4%
- 31 天：21.1%

第 5 课

集中注意力

概要

指导目标	让学生掌握集中注意力的方法 帮助学生反思分心的原因并找到解决方法	时间		70 分钟
		准备的资料	自主学习指导师	活动资料
			学生	活动资料

课程设计

流程	主题	具体内容	方法	准备的资料	时间
导入	课堂目标	介绍本节课的目标、内容及方法	讲授		5 分钟
展开	集中注意力的条件	帮助学生了解集中注意力的条件	讲授		15 分钟
	排除杂念	帮助学生掌握排除杂念的技巧	讲授		15 分钟
	为何分心	揪出造成分心的罪魁祸首	讲授 & 个人活动	活动资料 5.1	10 分钟

续前表

流程	主题	具体内容	方法	准备的资料	时间
展开	干掉分心	寻找解决分心的方法	讲授＆互动	活动资料5.2	10分钟
	黄金时间	探索自己的黄金时间	个人活动＆作业	活动资料5.3	10分钟
总结	总结和反馈	总结本节课的内容并介绍下节课的内容	讲授＆互动		5分钟

注意事项

- 注意力是指能够在一个限定的时间内，持续对某件事物保持专注的倾向。
- 大多数人认为因为注意力是先天决定、无法改变的，其实注意力是能通过训练来提高的。
- 本节课旨在让学生评估自己的注意力水平，反思分心的原因，从而找到集中注意力的解决方案。

具体内容

导入	课堂目标（5分钟）
介绍本节课的目标、内容及方法	让学生了解集中注意力的条件 让学生思考造成自己分心的原因是什么 帮助学生制订合理的学习计划，提高注意力

续前表

展开（1）	集中注意力的条件（15分钟）
帮助学生了解集中注意力的条件	明确的目标：人只有对自己认为重要的、有意义的事情才会集中注意力 利用黄金时间：黄金时间对每个人来说都是非常宝贵的，要把最重要的科目、最难的内容安排在黄金时间里 有规律的学习：养成在相似的时间段、相似的场所有规律地学习的习惯 恰当的时间长度：注意力会受身体极限的限制，选定恰当的时间，先练习集中注意力，然后逐步增加集中注意力的时间 排除杂念：排除会妨碍集中注意力的各种杂念
展开（2）	排除杂念（15分钟）
帮助学生掌握排除杂念的技巧	讲解排除杂念的技巧（利用活动资料5.1）（5分钟） • 画斜线：每当浮现一个杂念时，就在白纸上画一条斜线 • 记笔记：当画斜线不太有效时，就把脑子里的杂念全部写出来 通过组内讨论选出代表与全体同学分享的方式，引导学生自己去思考，还有什么方法可以排除杂念（10分钟）

💡 小贴士

自主学习指导师事先要了解和准备好一些关于集中注意力的事例，在课堂上讲给学生听。这样可激发学生课堂听课的兴趣，提高听课质量。

展开（3）	为何分心（20分钟）
揪出造成分心的罪魁祸首	查找分心的原因（利用活动资料 5.1）（10分钟） • 自主学习指导师介绍如何使用活动资料，查找分散注意力的原因 • 活动资料 5.1 中的横轴代表导致注意力分散的因素，纵轴代表妨碍指数 • 为了提高学生课堂上的专注力，以及为了确保更多的讨论时间，要充分利用课前、课后的时间 解决分心的问题（利用活动资料 5.2）（10分钟） • 引导学生把导致自己注意力不集中的因素按照紧迫度排序 • 各小组之间讨论解决的方法
展开（4）	黄金时间（10分钟）
探索自己的黄金时间	探索自己的黄金时间（利用活动资料 5.3）（5分钟） 帮助学生制订更为合理的每日学习计划（5分钟）
总结	总结和反馈（5分钟）
总结本节课的内容并介绍下节课的内容	填写反馈表 • 总结反馈本节课上学到、感受到的内容、产生的疑问等 介绍下节课的内容 • 介绍下节课的内容，可布置一些课前作业

活动资料 5.1：揪出造成分心的罪魁祸首

活动资料 5.2：干掉分心

紧迫度	因素	解决方法
1		
2		
3		
4		
5		
6		
7		

活动资料 5.3：探索我的黄金时间

时间	时间	周一	周二	周三	周四	周五	周六	周日
上午	5 点~6 点							
	6 点~7 点							
	7 点~8 点							
	8 点~9 点							
	9 点~10 点							
	10 点~11 点							
	11 点~12 点							
下午	12 点~1 点							
	1 点~2 点							
	2 点~3 点							
	3 点~4 点							
	4 点~5 点							
	5 点~6 点							

续前表

时间	时间	周一	周二	周三	周四	周五	周六	周日
晚上	6点~7点							
	7点~8点							
	8点~9点							
	9点~10点							
	10点~11点							

第6课

笔记策略

概要

教学目标	让学生了解笔记的重要性 了解好的笔记的特点 了解和掌握康奈尔笔记法、5R笔记法	时间		45分钟
		准备的资料	自主学习指导师	活动资料
			学生	活动资料

课程设计

流程	主题	具体内容	方法	准备的资料	时间
导入	课堂目标	介绍本节课的目标、内容及方法	讲授		5分钟
展开	笔记的重要性	介绍笔记的重要性	小组讨论和分享		5分钟
	好笔记的特点	介绍好笔记的特点	讲授 & 个人活动		5分钟
	康奈尔笔记法	介绍康奈尔笔记整理方法	讲授 & 个人活动	活动资料6.1	10分钟
	5R笔记法	介绍5R笔记法	讲授 & 互动		15分钟

续前表

流程	主题	具体内容	方法	准备的资料	时间
总结	总结和反馈	总结本节课的内容并介绍下节课的内容	讲授&互动		5分钟

注意事项

- 通过让学生掌握康奈尔笔记法，激发学生记笔记的乐趣，并提高学生复习和记忆的效率，为更高效地学习做准备。
- 学习5R笔记法，将其与康奈尔笔记法结合使用。

具体内容

导入	课堂目标（5分钟）
介绍本节课的目标、内容及方法	了解笔记的重要性并掌握有效的笔记策略
展开（1）	笔记的重要性（5分钟）
介绍笔记的重要性	介绍笔记的重要性 • 克服遗忘：大量的信息会在一小时内遗忘，笔记可以起到强化记忆的辅助作用 • 提高注意力：学生不能记录所有课堂内容，记笔记时应该分辨哪些是重点、哪些是非重点，这个辨别的过程也有助于提高学生的注意力 • 防患于未然：年级越高，学习量就越大，因此要从小养成记笔记的习惯，这样才能从容地应对未来 • 节省时间：笔记记录的往往是老师讲的重点内容，因此可以更好地应对考试，节省时间的投入

第6课　笔记策略

续前表

展开（2）	好笔记的特点（5分钟）
介绍好笔记的特点	• 记录老师讲的重点内容：将老师讲的所有重点内容都记录下来 • 复习时自己添加的内容：复习时查漏补缺，并把自己的理解、感受、反思、提问等添加进去 • 记录课堂的氛围和感受：将课堂的氛围和感受记录下来，可强化记忆 • 明确标记重点内容：用下划线、星号、特殊符号等标注重点内容
展开（3）	康奈尔笔记法（10分钟）
介绍康奈尔笔记法	讲解康奈尔笔记法的纸面分配情况（利用活动资料6.1） • 康奈尔笔记法将纸面分为A、B、C三个区域 　　A：记笔记的区域 　　B：记关键词的区域 　　C：概括的区域
展开（4）	5R笔记法（15分钟）
介绍5R笔记法	5R笔记法 • 记录（record）：在听课的过程中，把老师讲到的重点内容记录在A区域里，为了提高记笔记的效率，可以使用自己专用的符号 • 简化（reduce）：下课后，尽可能及早把A区域里的内容简洁地记录在B区域里，主要记录核心概念、单词等。概括时，需要清晰地理解内容之间的关系和意义，可以利用连线加强记忆 • 背诵（recite）：遮住A区域中的信息，基于B区域中的信息尽可能完整地说出上课讲的内容，再与A区域中的信息进行确认 • 思考（reflect）：将自己的想法、体会等记录下来，但要与讲课的内容区分开，可将它们写在卡片或是笔记本的某个单独部分，加上标题和索引，编制成提纲、摘要，按照类目归档 • 复习（review）：为了记忆和背诵，反复复习

> 💡 **小贴士**
>
> 可以让学生提前上网收集一下记笔记的符号,在课堂上和大家分享。

总结	总结和反馈(5 分钟)
总结本节课的内容并介绍下节课的内容	填写反馈表 • 总结反馈本节课上学到、感受到的内容、产生的疑问等
	介绍下节课的内容 • 介绍下节课的内容,可布置一些课前作业

活动资料 6.1:康奈尔笔记法

B:记关键词的区域	A:记笔记的区域 把老师在上课时讲的重点内容记录下来
C:概括的区域 　　用一句话概括本页全部内容。可以记录关于答案的说明、有疑问的内容、追加事项等	

第 7 课

时间管理

概要

教学目标	让学生了解时间的特点 帮助学生掌握安排时间优先顺序的方法 让学生厘清时间管理与每日计划的关系	时间		75 分钟
		准备的资料	自主学习指导师	活动资料
			学生	活动资料

课程设计

流程	主题	具体内容	方法	准备的资料	时间
导入	课堂目标	介绍本节课的目标、内容及方法	讲授		5 分钟
展开	时间的特点	介绍时间的特点	小组讨论、分享和讲授		15 分钟
	回顾我的 24 小时	利用表格回顾自己的 24 小时	讲授 & 个人活动	活动资料 7.1	10 分钟
	时间的窃贼	让学生思考造成时间浪费的因素	讲授		5 分钟

续前表

流程	主题	具体内容	方法	准备的资料	时间
展开	时间的优先顺序	学会时间管理矩阵，认识到要事第一的重要性	播放视频并互动&个人活动	活动资料7.2	30分钟
	每日计划	时间管理与每日计划的关系	讲授		5分钟
总结	总结和反馈	总结本节课的内容并介绍下节课的内容	讲授&互动		5分钟

具体内容

导入	课堂目标（5分钟）
介绍本节课的目标、内容及方法	了解时间的特点 学习时间管理的要点 将每日计划与时间管理联系起来
展开（1）	时间的特点（15分钟）
介绍时间的特点	自主学习指导师提问：时间有什么特点 • 组内讨论，然后选出代表与全体同学分享 讲解时间的四个特点 • 时间是公平的：每个人每天都拥有24小时，但是每个人的时间利用率是不同的 • 时间是宝贵的：正如人们常说的"时间就是金钱" • 时间不能储存：时间一去不复返，不要养成拖延的习惯，今日事今日毕 • 时间是机会：机会永远都是留给有准备的人，要竭尽全力、珍惜当下 自主学习指导师要注意观察每位学生的表情、行动的变化，对提高授课效率会起到重要的作用

续前表

展开（2）	回顾我的 24 小时（10 分钟）
利用表格回顾自己的 24 小时	利用表格回顾自己的 24 小时，注意表格的格式和内容（利用活动资料 7.1） • 自己所做的事情 • 每件事情所需的时间 • 分类：必要还是不必要 • 分类：有计划还是无计划 • 统计栏：必要的事情总计的分钟数，没必要的事情总计的分钟数 • 最后一栏：想不起来做了什么总计的分钟数 选一至两名完成度比较高的学生展示
展开（3）	时间的窃贼（5 分钟）
让学生思考造成时间浪费的因素	介绍造成时间浪费的 10 个因素，让学生对照自己平时的时间安排，查找时间的窃贼 • 阅读没有意义的书籍：既增加不了知识又给不了灵感的书籍，读得越多，时间浪费得越多 • 认认真真地将报纸和杂志上的广告读个遍：如果不是做营销工作的，就真的没必要这么做 • 手机不离手：玩手机的时间越长，时间浪费得越多 • 不设定截止日期，没有计划地做事情：没有目标、没有计划、盲目地做事情，无法提高效率 • 漫无边际地空想：经常发呆，上课时走神，要花额外的时间去补课 • 有求必应、来者不拒：即使是对一些没有营养价值的邀约也会有求必应，浪费自己宝贵的时间 • 成为电视最亲密的朋友：被电视"绑架" • 书桌上杂乱无章地摆满了各种东西：找东西会浪费时间 • 不记录，经常忘记事情：该做的事情记不住 • 没有轻重缓急安排：事情不分轻重缓急，时间管理没有章法

续前表

展开（4）	时间的优先顺序（30分钟）
学会时间管理矩阵，认识到要事第一的重要性	播放视频（15分钟） • 让学生观看视频《要事第一》，然后发表观后感 讲解时间管理的四象限法（5分钟） • Ⅰ：紧急又重要的事情，如停电、临时考试、危机（看病、救火）等 • Ⅱ：不紧急但重要的事情，如阅读、建立人际关系、锻炼等。此象限最为重要，因为与我们的长期努力、未来的竞争力有关 • Ⅲ：不紧急也不重要的事情，如并不重要的电话或微信、无谓的交际应酬、个人嗜好的沉迷、发呆、拖延等 • Ⅳ：紧急但不重要的事情，如临时邀约、某些电话/邮件、不速之客的到访等 时间优先顺序的安排（10分钟）（利用活动资料7.2） • 请学生按照时间管理的四象限法，将平时的学习、生活的安排填入各自所属的象限，并区分出哪些是需要优先处理的事情
展开（5）	每日计划（5分钟）
时间管理与每日计划的关系	学生分组讨论时间管理与每日计划的关系，并发表和分享各自的观点 自主学习指导师进行总结：在制订每日计划时，要铭记要事第一的原则，把各学科的学习任务安排到位
总结	总结和反馈（5分钟）
总结本节课的内容并介绍下节课的内容	填写反馈表 • 总结反馈本节课上学到、感受到的内容、产生的疑问等 介绍下节课的内容 • 介绍下节课的内容，可布置一些课前作业

活动资料 7.1：回顾我的 24 小时

时间	我做过的事情	时间（分钟）	是否有必要	是否有计划
			必要 / 没必要	有 / 没有
			必要 / 没必要	有 / 没有
			必要 / 没必要	有 / 没有
			必要 / 没必要	有 / 没有
			必要 / 没必要	有 / 没有
			必要 / 没必要	有 / 没有
			必要 / 没必要	有 / 没有
			必要 / 没必要	有 / 没有
			必要 / 没必要	有 / 没有
			必要 / 没必要	有 / 没有
统计	在必要的事情上花费的时间	____分钟	按计划行动的时间	____分钟
统计	在没必要的事情上花费的时间	____分钟	无计划行动的时间	____分钟
统计	想不起来做了什么的时间	____分钟	预计可以的时间	

活动资料 7.2：时间的优先顺序

	紧急	不紧急
重要		
不重要		

第 8 课

考试管理

概要

教学目标	了解考试的目的 掌握制定考试目标和计划的方法 掌握考试分析的方法	时间		90 分钟
		准备的资料	自主学习指导师	活动资料 阅读资料
			学生	活动资料 阅读资料

教学过程

教学环节	主题	具体内容	方法	准备的资料	时间
导入	课堂目标	介绍本节课的目标、内容及方法	讲授		5 分钟
展开	什么是考试	了解学校考试和社会考试的关系	小组讨论和分享		5 分钟
	考试的目的	了解考试的目的	讲授		15 分钟
	制定考试目标	利用 SMART 原则制定考试目标	讲授 & 个人活动	活动资料 8.1	15 分钟

续前表

教学环节	主题	具体内容	方法	准备的资料	时间
展开	制定考试目标 & 制订 21 天考试计划	掌握如何制定考试目标 & 制订 21 天考试计划	讲授 & 互动	活动资料 8.2 阅读资料 8.1	20 分钟
	试卷分析	掌握试卷分析的方法	讲授 & 互动	活动资料 8.3	25 分钟
总结	总结和反馈	总结本节课的内容并介绍下节课的内容	讲授 & 互动		5 分钟

具体内容

导入	课堂目标（5 分钟）
介绍本节课的目标、内容及方法	让学生了解考试的目的 让学生掌握制定考试目标和考试计划的方法 帮助学生掌握做试卷分析的方法
展开（1）	什么是考试（5 分钟）
了解学校考试和社会考试的关系	通过提问以下两个问题，引发学生对考试的思考 • 什么是考试 • 学校考试和社会考试有什么关系

小贴士

自主学习指导师要事先了解学校考试和社会考试的关系。

第 8 课 考试管理

展开（2）	考试的目的（15 分钟）
了解考试的目的	介绍考试的目的 • 确认：内容的掌握情况、考试时的情绪状态、准备度等 • 预备：改善策略、制定新目标等，为下次考试做好准备
展开（3）	制定考试目标 & 制订 21 天考试计划（35 分钟）
掌握如何制定考试目标 & 制订 21 天考试计划	制定考试目标（利用活动资料 8.1）（15 分钟） • 制定考试目标，就是制定下次考试的成绩目标 • 制定目标时要遵循 SMART 原则，尽可能具体化 制订 21 天考试计划（利用活动资料 8.2、阅读资料 8.1）（20 分钟） • 引导学生去思考，花多少时间用于备考是合适的 • 讲解 3–3–3 考试法则的具体内容 • 通过事例的形式，展示如何制订 21 天考试计划 • 让学生为期末考试制订具体的 21 天备考计划
展开（4）	试卷分析（25 分钟）
掌握试卷分析的方法	分析试卷中存在的共性问题（10 分钟） • 准备几份不同的试卷让学生去分析、讨论，找出这些试卷中存在的共性问题 • 让学生反思，自己平时是如何做试卷分析的 讲解试卷分析方法（利用活动资料 8.3）（15 分钟） • 第 1 步：因为自己的失误（如粗心大意、因考试紧张忘记把答案写完等本不应该出现的错误）而做错的题共有多少道，这些题共计多少分，占总分的多大比例 • 第 2 步：因为自己完全不知道如何下手、没有任何解题思路（如果再遇到这样的试题，很可能还不会做）的题共有多少道，这些题共计多少分，占总分的多大比例

续前表

展开（4）	试卷分析（25分钟）
掌握试卷分析的方法	• 第3步：因为没有好好背记而做错的题共有多少道，这些题共计多少分，占总分的多大比例 • 第4步：得到部分分数的题共有多少道，这些题共得了多少分，占总分的多大比例 • 第5步：因为其他原因而做错的题共有多少道，这些题共计多少分，占总分的多大比例

小贴士

- 自主学习指导师可以事先让学生自己做一下试卷分析，这样不仅能激发他们对学习的兴趣，还能让他们发现自己的问题。
- 自主学习指导师可以选择几份学生试卷，深入剖析具有共性的问题，让学生对这类问题加深记忆。

总结	总结与反馈（5分钟）
总结本节课的内容并介绍下节课的内容	填写反馈表 • 总结反馈本节课上学到、感受到的内容、产生的疑问等
	介绍下节课的内容 • 介绍下节课的内容，可布置一些课前作业

第 8 课 考试管理

活动资料 8.1：制定考试目标

区分	科目					名次
	语文	数学	外语			
上学期成绩						
本学期成绩						

我制定目标的依据是什么？如何实施？

_____

_____

📖 阅读资料 8.1：3-3-3 法则的具体内容

时间	备考方法	具体事例
三周前	以主要科目为主进行复习（需要的时间较长） 对于其他科目，以把握整体脉络为目的进行通读	背诵课文 完善所有笔记 整理所有复印资料
两周前	精读教科书，并利用笔记整理核心内容、背诵重点内容	精读教科书 利用笔记进行整理和背诵
一周前	从最后一天的考试科目开始学习，概括和整理核心内容，多做习题集	整理核心笔记 预测考试题 做习题集
考试前一天	精读第二天的考试科目，确认核心笔记和错题笔记，解模拟考试题。绝对不熬夜	利用习题集进行模拟考试

049

活动资料 8.2：21 天考试计划表

	周一	周二	周三	周四	周五	周六	周日
三周前	21	20	19	18	17	16	15
两周前	14	13	12	11	10	9	8
一周前	7	6	5	4	3	2	1
考试周	考试1	考试2	考试3				

活动资料 8.3：试卷分析

试题分类	题目数量	丢失多少分	错题的原因	下次改进的方法
因为自己的粗心或马虎而做错的题				
因为自己不会而做错的题				
因为自己没有好好地背记而做错的题				
只得到部分分数的试题				
其他原因				

第 9 课

环境管理

概要

教学目标	让学生评价自己的学习环境 让学生探索本人学习环境的优点和不足点 帮助学生创造最佳的学习环境	时间		70 分钟
		准备的资料	自主学习指导师	活动资料
			学生	学生手册

教学过程

教学环节	主题	具体内容	方法	准备的资料	时间
导入	课堂目标	介绍本节课的目标、内容及方法	讲授		5 分钟
展开	评估自己的学习环境	画出自己的学习空间平面图	小组讨论和分享	活动资料 9.1	15 分钟
	学习环境的优点和缺点	找出学习环境的缺点，探索解决方案	讲授 & 个人活动	活动资料 9.2 活动资料 9.3	10 分钟

续前表

教学环节	主题	具体内容	方法	准备的资料	时间
展开	环境管理的要素	了解环境管理的要素	讲授&个人活动		25分钟
	创造最佳的学习环境	重新设计自己的学习环境	个人活动&分享	活动资料9.4	10分钟
总结	总结和反馈	总结本节课的内容	讲授		5分钟

具体内容

导入	课堂目标（5分钟）
介绍本节课的目标、内容及方法	评估自己的学习环境 探索学习环境的问题点 创造最佳的学习环境
展开（1）	评价自己的学习环境（15分钟）
画出自己的学习空间平面图	画出自己平时学习的空间（房间）平面图（利用活动资料9.1）（10分钟） • 为了找出学习环境存在的一些问题点，要尽可能详细地画出平面图，比如门、床、手机、电视等的位置，桌面整洁的程度，零食位置等，尤其是桌面上的东西 • 通过让学生画出自己的学习环境，能让其更深刻地意识到学习环境对自己学习的影响
展开（2）	学习环境的优点和缺点（10分钟）
找出学习环境中存在的不足点，探索解决方案	找出学习环境的问题点（利用活动资料9.2）（5分钟） • 我的学习空间有哪些优点（如安静、整洁） • 我的学习空间有哪些缺点（如床离书桌太近，让我总是情不自禁地躺在床上） 探索解决方案（利用活动资料9.3）（5分钟） • 针对学习环境存在的问题，探索解决方案

续前表

展开（3）	环境管理的要素（25分钟）
了解环境管理的要素	讲解环境管理的要素 • 消除视觉性的刺激 　– 该有的物品（如词典、教科书、笔记等），要放到一眼可见、触手可及的地方 　– 不该有的物品（如手机、电视、漫画、游戏机、杂志、零食等），需要果断地移走 • 消除噪音 　– 常见的噪音有客厅电视机的声音、打麻将的声音、附近施工的声音等 　– 思考解决办法（如在房门挂上"学习中"的牌子、戴耳塞、去图书馆学习、选择比较安静的时间段学习等） • 合适的照明 　– 太亮会分散注意力，太暗会增加疲劳度 　– 好的照明条件：房间整体照明稍暗，用台灯或落地灯照桌面，亮度为300~500 Lux 　– 不好的照明条件：直接照明 • 合适的墙面颜色 　– 好的墙面颜色：理智、平静的冷色，温馨的柔色 　– 不好的墙面颜色：容易产生冲动情绪的暖色（如红色，会让人感到躁动） 　– 如果墙面或壁纸上有奇特的图片或图案，就会影响视觉 • 合适的桌椅 　– 合适的桌子：不高不矮，高度适中，可以调整位置 　– 不合适的桌子：不符合身体特征 　– 合适的椅子：有弹性，且稍微硬一点，人坐在上面能保持正确的坐姿 　– 不合适的椅子：过于柔软，会让人陷在里面，犯困

续前表

展开（4）	创造最佳的学习环境（10 分钟）
重新设计自己的学习环境	重新设计自己的学习空间（利用活动资料 9.4） • 根据学习到的内容，重新设计自己的学习空间，画出改善之后的平面图，创造属于自己的最佳的学习空间
总结	总结与反馈（5 分钟）
总结本节课的内容	填写反馈表 • 总结反馈本节课上学到、感受到的内容、产生的疑问等回顾与总结整体学习过程 • 激励学生持续付诸行动，养成良好的自主学习习惯，实现自己的梦想

活动资料 9.1：我的学习空间

画出我的学习空间

第9课 环境管理

范例

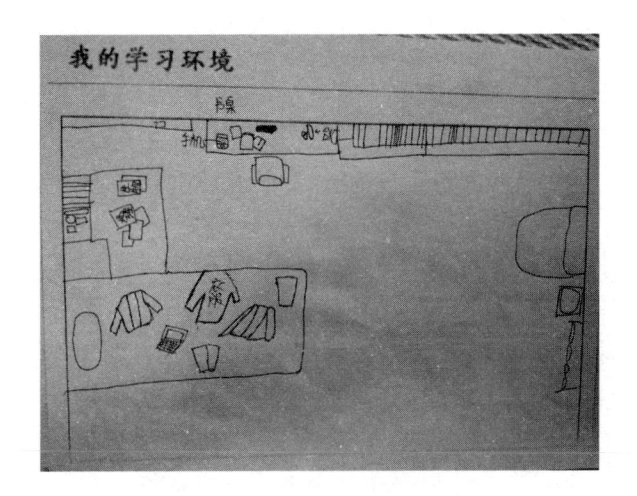

活动资料 9.2：我的学习环境的优点和缺点

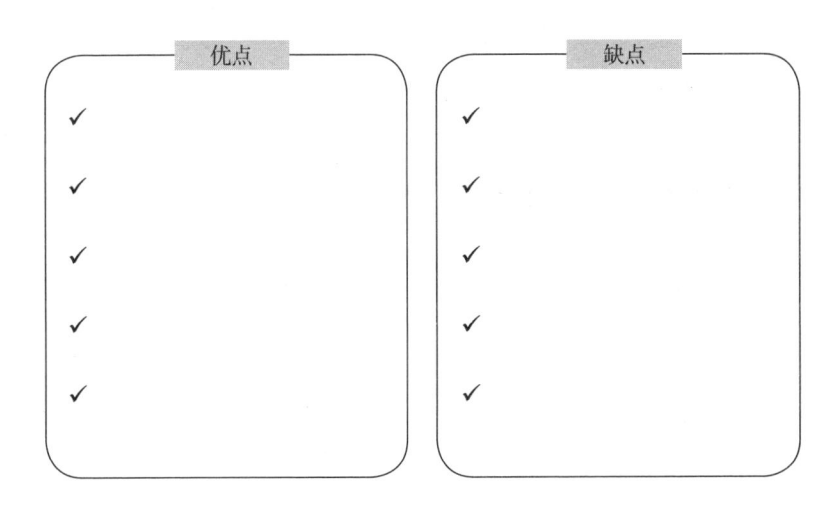

优点	缺点
✓	✓
✓	✓
✓	✓
✓	✓
✓	✓

活动资料 9.3：改善学习环境方法

范例

缺点	改善方法
电视	从我的房间搬出去
手机	学习时关掉，放在客厅的保管箱里
零食	只有饿了才吃（水果）

制作我的表格

缺点	改善方法

活动资料 9.4：重新设计我的学习空间

自主学习指导札记

案例

航航，男生，身材矮小。

大李至今仍对航航记忆犹新，不仅因为他是大李的第一名学生，还因为大李是主动和航航的父母联系的，而不是被邀请去航航家的。

事情是这样的：有一天，大李在信息类报纸上偶然看到一则寻求辅导老师的广告，顿时产生了好奇心。一般来说，父母会通过辅导机构或家教中心寻求辅导老师，但为何他会采用登广告的形式呢？于是，大李拨通了对方的电话，更让大李出乎意料的是，接电话的人不是孩子的妈妈而是孩子的爸爸。

"请问，您是不是在报纸上刊登了一则寻求辅导老师的广告？"

"没错，我家孩子对学校和辅导班都失去了兴趣，学习成绩也很差，我们实在很担心他。"

"辅导班怎么不上了呢？"

"他跟不上辅导班的进度，也跟不上学校的进度。而且，因为我家孩子个子比较矮，所以经常受欺负，和同学的关系都不太好。"

"孩子的基础很差吗？"

"是的，他说不知道老师在讲什么。"

"孩子怎么说？"

"他说他不上辅导班了,太累了……"

"您觉得家教可以解决问题吗?"

"我们也是没有其他的办法了,只好找个家教试试。"

"在我看来,自主学习指导可能更适合您的孩子。"

"自主学习指导?"

"是的。孩子已经厌倦了学校和辅导班,此时,他更需要的是激励。您刚才说,孩子身材矮小,这很可能会影响他的自信心或自尊心,所以我们有必要多关注一下孩子的这两个方面。此外,一味地灌输未必是提高学习成绩的有效途径,我建议试试让孩子自己制定学习目标,并对此进行评估。"

"好吧,那就试试吧,咱们见面谈。"

就这样,新学期伊始,大李去见了航航和他的父母。

航航个子较矮,看起来不像初中生。他的眼睛很有灵气,看起来不像个受气包。他迎接老师的姿势也让大李吃了一惊——竟然把两条腿搭在桌子上,表情看起来也像是在说:"别管我,我不欢迎你,你赶紧走。"

大李见状,并没有生气,而是走到他的旁边,并指了一个比桌子高一些的地方,说:"你试试,能让腿够到这儿吗?"

航航一脸的不服气,努力地把腿往上抬,但是很快就放弃了,说:"我只能够到这个高度。"

大李微笑着说:"也可以,待会儿你要是感到累了,可以随时放下来。"

此时,航航看起来显得放松了一些。

大李继续说:"我小时候个子也不高,还经常因此被同学欺负。"

航航好奇地问:"真的吗?你现在看起来也不算太矮啊!"

"是真的。我上初中的时候还没有你现在高呢,同学们给我起绰号叫'小豆'。虽然有些老师说我可爱,但我很讨厌别人这样说我。"

航航的眼睛亮了,连连点头,说:"没错,我也特别讨厌听到那样的话。"

"你的学习怎么样?感觉你的爸爸比较担心你,是吗?"

"我希望他不要管我。"

"其实,在我上学时,我的父亲也非常严厉,经常说'要是不好好学习,这一辈子就完了,所以一定要考上好大学'之类的话。我小时候还经常挨打呢!"

"是吗?看来当父母的都差不多!"

"现在我能理解他们的心情了,但说实话,当时我无法理解,我甚至以为他们是因为讨厌我才那么做!"

"哎,我希望没有学习这回事儿,学校生活太苦了!"

经过和航航的深入聊天,大李了解到,他不喜欢学习是有很多原因的:不愿意学习,学习成绩无法提高;无法和同学建立友好的关系;因为身高而产生的自卑感,也在一定程度上伤害了他的自尊心和自信心;父母对他的期望值很高,他又因无法满足父母的期待而自暴自弃。

大李继续说:"之前我曾和你爸爸谈过,他好像很担心你的学业,你平时会和他谈心吗?"

"几乎不会,我讨厌谈心,他只会指责我……"

"其实,我小时候也几乎没和爸爸谈过心。在我看来,他们好像只考虑自己的感受,每天都会指责我学习不用功,可从来不会认真地坐下来听听我的想法。当时,我实在无法理解。"

"大人为什么总是这样呢?"航航一脸不解地问。

"可能是因为他们精力有限——不仅要忙自己的事业，还要承担维持家庭生活的重任。他们深知，哪怕是一丁点儿的判断失误，也可能会给家人造成伤害。你现在还是个学生，没有体验过生活的艰辛，等你长大了就会明白的。不过，你现在也要对自己的行动负责了。"

航航撇了撇嘴，说："不管怎么样，我都希望快点长大，长大后就可以不学习，也可以不参加考试了。"

"你这个想法很有意思……可是，大人真的不用考试吗？其实，大人需要参加的考试远远多于学生，要学习的知识也远远超过学生。"

"真的吗？"

"当然了。学校的考试都有考试的范围，也会告诉你考试的日期，而且考试内容只要好好看考试的范围就可以大概了解了。如果事先做好整理，多做题，就很可能会取得好成绩。然而，大人的考试则远比这复杂得多。没有人告诉你考试范围，甚至可能没有人告诉你考试的日期，这就是大人生活的真实世界。"

"我看前段时间我妈妈参加公务员考试，不是会提前告知日期、考试范围吗？"

"公务员考试、职业资格考试、晋级考试等，这些当然提前告诉你日期……但其他的考试就未必了。我们以开饭店为例，如何吸引客人，如何挑选员工，如何管理，这些都由大人自己去判断，任何失误都可能造成严重的亏损，甚至关门倒闭。"

航航吃惊地问："啊？这就是您说的'考试'吗？"

"是啊！真实的世界充满了考试，而且都没有人告诉你考试范围和日期。其实，学校还不能算作真实的世界，因为有老师。一旦你遇到问题，去问问老师就可以解决了。然而，在真实的世界中，哪怕只是问问也往往不是无偿的，因为没有人会轻易告诉你答案。虽然这些功课让你觉得很讨厌，但是如果你好好学，那么一旦步入真实的世界就能比较轻松地解决问题。你不会想永远都留在学校吧？"

"当然，我早晚是要步入社会的。"

"那么，在步入社会之前，如果不做好准备，以后就会遇到更多的问题。其实，这就是大人督促你学习的原因。对于那些现在还会提前通知你范围、日期的考试，只要好好准备，就可以取得让你满意的成绩。我愿意帮助你去实现这些，你愿意吗？"

"我愿意，那么我们该从哪里开始呢？"

"要想好好学习，培养良好的学习习惯是非常重要的。其中最重要的是，每天都要坚持。我会在你的身旁帮助你。"

"好的，我愿意努力去做！"

💡 大李有话说

在初次面谈中，自主学习指导师最重要的工作是了解孩子的现状并给他留下深刻印象。不要让孩子感觉只是简单地又换了一位辅导老师，而是要让他们感觉自己遇到了惺惺相惜、可以分享思想的伙伴和导师。

单纯、稚嫩的孩子不谙世事，如同鸟儿不知空中的危险一样，孩子亦不知未来路上的荆棘，因此更不能轻视对他们的培养。

从初次见面到连续指导

自主学习指导师无法与学生每天见面。即使见面，实际指导的时间也不会很长，要在短暂的时间内准确了解学生遇到的各种情况并不是一件容易的事情。在每次指导结束时，应给予学生足够的积极性反馈，制订下一次指导计划，并准备紧急情况的应对方案。

以下是大李在初期阶段指导的实例。

案例

丁雨，女生，初一。

大李与丁雨妈妈是在家长课堂上认识的。通过在家长课堂的学习，她发现孩子的问题其实并不在于孩子，而在于自己。家长课堂结束后，丁雨妈妈说女儿成绩中等，希望大李做丁雨的自主学习指导师，帮女儿进步。

大李到了丁雨家，寒暄时丁雨说："自从我妈妈在家长课堂学习后，发生了很大的变化。要是以后还有这样的学习，请一定要推荐给我妈妈，让她多听听。"

丁雨妈妈也说："我感受到自己发生了变化，也看到孩子发生了变化。"

在自主学习指导师的工作过程中，变化最慢或是最不容易发生变化的通常是父母，最难体会到这一点的也是父母（尤其是妈妈）。丁雨妈妈能敞开心扉地接受自主学习指导师的开导，对自主学习指导师来说不失为一件幸福的事情。

在给丁雨做调查问卷时，大李和丁雨妈妈进行了深入的交谈。丁雨妈妈反省了自己之前以高压政策对待孩子的态度和只重视结果的方式，决心今后和孩子多交流，给予孩子适当的称赞和激励。

在丁雨做过问卷后，大李问起了丁雨目前的学习情况。她显得很沮丧，不停地抱怨，抱怨自己运气不好、老师教得不好等，还说自己遇到困难时就想放弃。其实，在学习中遇到困难是再正常不过的事情，但她并不愿去积极地面对、解决。

基于丁雨的现状，大李将指导计划的重点定位在帮助她树立积极的心态方面。

当大李让丁雨写下自己的优点和不足时，她非常犹豫。看得出来，她从没有认真思考过自己各个方面的情况，并不是很了解自己。要想帮丁雨树立积极的心态，就要让她的父母多花一些时间和精力去协助她，并给予她更多的称赞和激励。

第一次指导

第一次指导时，大李制定了两个方向：一是用梦想激发丁雨的学习动机；二是了解丁雨目前的学习情况。

梦想和目标对孩子的重要性不言而喻，但不少父母都不知道如何帮助孩子树立目标、寻找梦想。梦想并不能给孩子强行灌输，需要孩子自己去寻找。因此，让孩子知道梦想是什么、如何寻找梦想以及每个阶段应如何努力是至关重要的。

丁雨说，她很想成为一名设计师，并谈起了她对设计师工作的了解，以及心中的榜样等。

大李说："经过自主学习指导和你的努力配合，我相信你最终一定能实现梦想。不过，我们还是需要先来解决当下的问题，这样才能拥有更好的未来。"

大李了解到,除数学外,丁雨的其他科目成绩都不算好,尤其是英语,词汇量相当匮乏。对此,大李要求她每天坚持大声朗读课文,结合音频纠正发音,且边读边思考句意。

丁雨平时也很少读书,只读过几本课外读物。不过,她最近迷上了《哈利·波特与魔法石》,于是大李和丁雨约定精读这本书。

第二次指导

第二次指导时,大李同样制定了两个方向:一是目标与生涯指导;二是学习时间的安排。大李决定,从丁雨感兴趣的话题说起。

大雨先问了她《哈利·波特与魔法石》读得怎么样了。丁雨拿出书,自豪地给大李展示她已经读完的部分,并给大李分享了一些精彩细节。

然后,大李和丁雨谈起了她的梦想——设计师。大李特地为她搜集了一些资料,让她好好阅读后,又和她探讨了生涯规划方面的问题。

学习方面,大李让丁雨做了概括和整理概念的训练。丁雨说,自己之前总是担心跟不上进度而对许多知识囫囵吞枣似地一带而过了,导致基础知识不扎实。丁雨还提出,自己在制订学习计划方面感到很吃力。对此,大李建议她制订以复习为主的学习计划,每天安排适当的学习量,且当日事当日毕。

利用讲课的间隙,大李也与丁雨妈妈沟通。大李告诉她,不要经常否定孩子或是对孩子的期待值过高,否则很可能会让孩子感到压力。大李还向她推荐了一本关于家长教育的图书,她说她愿意为了孩子而学习和成长。

在指导初期，通过两到三次的指导，准确诊断孩子的现状后制定指导的方向是非常重要的。只有认真观察了孩子的现状及周围的环境，才能制定出准确的应对方案。

学而时习之，不亦说乎

自古以来，人们对"学习"的定义可谓众说纷纭。关于历代学者对学习的研究，我们唯独专情于孔子的定义："学而时习之，不亦说乎！"

然而，实际情况往往与此相悖。我们在指导过程中常会发现一些令人费解的现象：很多孩子对"学而时习之"嗤之以鼻，很难感受到学习的喜悦。

为什么会这样呢？

原因之一是，有不少孩子自小学后，学习的目的只是为了取得好成绩，自然很难感受到学习的喜悦，更别提"学而时习之"的喜悦了。

某辅导机构的校长在接受记者采访时说："只有在学习过程中能体会到喜悦的学生才能成功。"

大李曾指导过一名学生，经常从傍晚学到凌晨。大李问他："你曾感觉过求知过程的快乐吗？"他不假思索地回答："没有，从来没有过。"如果他长期处于这种状态，那么即使他学习时间再久，也很难取得理想的成绩。

亚里士多德曾说："求知是人类的本性。"希望父母保护好孩子的这种本性，试着与孩子一起思考、一起成长，让孩子充分体验学习过程中的辛苦与喜悦。一旦孩子意识到日常生活中处处都是学习机会，就不再会对学习感到厌倦，并将它视为生活的一部分。

不要让"学而时习之"的喜悦离孩子越来越远。

学习并非孩子一个人的事

案例

"几乎所有的辅导班我都上过。"

大李至今仍清晰地记得朱星讲这句话时的表情,无奈且充满痛苦。

朱星上高一了,自称已经上遍了所有的辅导班:英语辅导班、数学辅导班、速成班、联想记忆法课外班……上辅导班并非朱星本意,而是妈妈的安排,甚至中途停止上哪个辅导班也由妈妈决定。朱星在这个过程中只有听从妈妈的安排、疲于奔命的份儿。

大李第一次见到朱星,是在他上初三的时候。大李对他的第一印象,恐怕用"遍体鳞伤"这个词来形容再恰当不过了。

朱星无精打采地和大李讲述他的现状,不知不觉中眼眶湿润。大李轻轻地拍着他的肩膀,说:"看得出来,你很不容易。"朱星停顿了一下,泪水突然倾泻而出,失声痛哭。遇见能够理解自己的人,高兴、感激、获得安慰……各种情绪瞬间迸发。

看着泪流不止的朱星,大李的心隐隐作痛。

大李有话说

其实,指导像朱星这样的学生,指导师需要付出更多的努力。之所以这样说,理由很简单——曾接受过他人辅导的学生已形成了某些习惯,当然也包括陋习,而要纠正这些习惯,需

> 要指导师付出更多的努力。因此有些导师会对曾接受过他人辅导的学习收取更高的学费。

待朱星情绪平复之后,大李和他共同讨论关于未来的计划,发现朱星目前还没有找到自己的梦想。此时,指导师需要做的就是耐心等待。

大李和朱星商定并达成共识:哪怕是为了寻找梦想,也要好好学习。

大李让朱星读一遍课文,他甚至读一页都显得很吃力。读罢,大李让他再读一遍,然后把读过的内容整理到笔记本上,再解释给大李听。

"老师,我的表达能力真的好差,哎!"朱星痛苦地说。

"其实,不是你的表达能力差,而是你还没有整理好思路而已。没关系,从现在开始,希望你每天都练习,情况会慢慢变好的。"大李微笑着告诉他。

从那以后,每次指导朱星的时候,大李都会和他一起练习朗读、归纳和口述。此外,为了提高朱星的阅读能力,大李会在朱星每次读过新闻报道之后,都和他聊聊这段新闻的内容、观点。

没有课的时候,大李会为朱星安排每天看报纸的时间。渐渐地,朱星看报纸的时间越来越长,思考的能力也日益增强。

有一天,大李问朱星:"你的爸爸妈妈知道你看报纸吗?"

"应该知道吧。"

"他们说什么了吗?"

"没有,也不问我为什么看报纸。"朱星小声回答,难掩失望。

> **大李有话说**
>
> 其实,父母在孩子的成长过程中所扮演的角色的重要性远远超出家长自己的想象。从朱星看报纸这件事来看,他的父母无疑错过了一次对于孩子学习和成长来说很重要的机会。哪怕只是简单的一句"朱星,你在看报纸啊",也是对他的变化的认同,从而既达到了表扬的效果,还可以让他更喜欢看报纸,并在无形之中提高他的自尊感。如果父母没有觉察到孩子的变化,会让孩子因感到被忽视而失望。

看到朱星表现出的失望,身为指导师,大李觉得自己此时更重要的责任是不能让孩子变得意志消沉。于是大李告诉朱星,他在这段时间有很大的变化,日后大李也会继续帮助他激发更多的内在动力。

在下一个阶段,大李认为,与其让朱星盲目地埋头苦读,不如通过书面化的总结厘清自己的不足并努力弥补,这将对他的学习更有益。经过一段时间的学习,大李让朱星每周写总结日记。朱星很配合老师的要求,坚持每周进行自我总结和评价,并在这个过程中努力改善不足之处,不断地提升自己。

朱星的努力终于感动了妈妈。妈妈不再干预朱星的学习。朱星的学习目的也变得不单是为了父母,更是为了他自己。

在指导课程结束一个多月后,朱星来找大李,此时他的脸上洋溢着灿烂的笑容,感慨道:"老师,我现在已经找到了自己的梦想,也愿意为自己的梦想而努力奋斗。遗憾的是，要是早一点遇见您该多好啊！"

大李也笑着说："没关系，无论什么时候改变都不晚。"

朱星的变化如此明显，无疑是专业的自主学习指导师、学习者本人和家长共同努力的结果。学生是学习的主体，但**学习并非学生一个人的事情**，学生、家长、教师、自主学习指导师都应当承担各自的角色，起到协同作用。

每个孩子都渴望被信任和认可

经常会听到学生抱怨说，父母不信任他们，恨不得给他们安个监控，全天候盯着他们，看看他们在做什么。小勇也为此感到心烦。

案例

小勇，男生，小学五年级。

学习成绩处于中等水平的小勇，对数学和科学非常感兴趣，成绩很不错。小勇的爸爸妈妈希望儿子发挥这方面的优势，为此，每天小勇放学后，还没下班的妈妈都会给小勇打电话，催促他写作业或是去辅导班上课。

在给小勇做指导的过程中，大李问小勇："什么事情让你感觉最累？"

小勇脱口而出："妈妈的唠叨。"

"妈妈唠叨多吗？"

"妈妈总是干涉我的学习，烦死了。"

"你觉得在妈妈回家之前你都能做完，但是妈妈不相信你，让你觉得烦，也觉得自己不被信任，是吗？"

"我自己就能做好，不用她唠叨！"

"你之前有没有没完成作业或是没去辅导班的情况？"

"的确有过几次，但我现在已经不会这样了！"

"我教你个让妈妈少唠叨的方法，你可以试试看。"

小勇迫不及待地说："真的有这样的方法吗？太好了！"

"你首先需要知道的是，妈妈很担心你再出现不写作业或不去辅导班的情况，所以我们得让妈妈放心。"

"这……会不会很难啊？"

"没有你想象的那么难。不过我需要提醒你的是，要想让别人改变对自己的负面看法的确不容易，需要一定的时间才能看到效果。因此，我教你的这个办法可能需要在一周后才会呈现出效果，到时候估计你家就会充满欢声笑语了。"

小勇满脸期待地说："太好了！快教教我吧！"

大李笑着说："从明天开始，由你来主动给妈妈打电话，告诉她你正在去辅导班的路上，或是你正在写作业。从辅导班回到家后或是写完作业后，再给妈妈打个电话，告诉她你会休息一会儿，打算去踢球、读书，或是做其他的事情。这样一来，妈妈就不会给你打电话，你也不会觉得烦了。"

"好的，我明天就试试！"

"我还想提醒你一点，你妈妈可能会对你的突然转变感到有些惊讶，所以在明天和妈妈打电话时先和她说一句'妈妈，请你相信我'。妈妈也会观察你的表现，如果你真做到了，妈妈就会相信你，给你更多的空间，你也会更自由。不过，实现这一切的前提是，你要对你所说的话、所做的事负责。"

每个孩子都渴望得到父母的信任和认可，而且他们都有着主导自己生活的强烈意愿。对此，父母应相信孩子能做得很好，从而激发他们的内驱力、提高自信。当他们遇到困难并向父母求助时，再去协助孩子战胜困难。

把学习当作一种习惯

无论是大考还是小考，孩子和父母都会很紧张——考试前，孩子总会觉得自己准备得还不够充分；考试后，会因担心成绩不理想而更加不安。因此，父母难免会每天不停地督促、唠叨孩子。

如果孩子能把学习当作一种习惯，双方的不安感就都会减弱很多。

不妨回想一下孩子成长的过程，你是如何帮助孩子养成某种习惯的？以刷牙为例，你会分步骤教孩子如何按照顺序将每颗牙齿都刷干净，就算孩子做得不对，你也会耐心纠正，还会在孩子刷完后认真检查他刷得是否干净。一旦孩子学会了刷牙并每天坚持，他就能养成刷牙的习惯了，要是哪天不刷牙反倒会觉得不适应。

学习也是同样的道理。一旦孩子养成了学习习惯，就不会再觉得学习很枯燥、痛苦了。在我们指导过的学生中，大多都没有养成学习习惯。我们也发现，不少父母认为考试成绩很重要，却忽略了培养孩子的学习习惯。

如何培养孩子的学习习惯？父母切记，一定不要一味地督促孩子学习，更不要表现出焦躁的情绪，这会让孩子产生心理负担，从而失去学习动机和学习兴趣。

在自主学习的过程中，和学习习惯同样重要的还有学习方法。如果没有掌握学习方法，就很难取得理想的学习效果。

临考前，大部分学生都存在这样的问题：没有制订学习计划；不知道用什么方法背记，也不知道如何解题并整理教科书和习题集上的知识，学习就显得很盲目。

因此，父母需要帮助孩子制订考试计划，有策略性地学习教科书和习题集上的内容，让孩子逐渐养成学习习惯，进而轻松愉快地应对学习过程中的点点滴滴。

学习计划，不要半途而废

学习成绩好的学生都有一个共同的特征：能根据实际情况制订和调整学习计划，并按部就班地执行。

学习成绩差的学生，对学习计划既熟悉又陌生。他们也想制订学习计划，也曾制订过学习计划，却苦于无法按照计划实施。

为什么要如此强调学习计划的重要性呢？一起来看看希希的案例。

案例

希希，女生，初二。

希希学习很努力，但是成绩一直不理想，成绩中等。她每天都埋在书山题海中，尽力去完成她认为紧急的作业。她曾不止一次地制订过学习计划，却很少能完成计划。

经过深入沟通，大李了解到，希希之前制订的学习计划非常简单：标记科目，在相应的科目下记录当天需要完成的页数。大李好奇地问她为什么这么做，因为这和计划的顺序完全是颠倒的。希希回答说："反正我也没办法按照计划完成，不如这样记录，能让我心里舒服些。"大李意识到，希希这么做只不过是给自己找了一个合理化的台阶，可以说是自欺欺人。

没有学习计划，即使希希做完一天的功课，也会因没有完成既定目标而无法体会学习的成就感和乐趣。

如何科学地管理时间

案例

楠楠，女生，高三。

晚自习结束的铃声响了，学生们潮涌一般离开了教室。楠楠机械地收拾着书包，表情木然，因为等待她的还有课外辅导班。

楠楠的成绩中等，考上一类本科的希望实在渺茫。楠楠每天从辅导班回到家，已经是零点了，大概要在凌晨一点左右才能上床睡觉。因为睡眠时间不足，楠楠上课时经常打瞌睡。

针对楠楠的现状，大李感觉有点着急。他问楠楠："你为什么不早一点睡呢？"

楠楠回答说："辅导班的老师说，从现在起每天不要在凌晨一点之前睡觉，要多留出时间来学习。其他学生都睡得很晚的。"

楠楠的回答让大李感到很意外，于是他接着问："每天上课时，会有不少学生睡觉吧？"

"是的，有时有一半以上的同学都在睡。老师不管，也没有办法管。"

听完楠楠的回答，大李有点担心，迫不及待地对楠楠妈妈说："楠楠现在太累了，能不能减掉一些课外辅导班？我想，孩子早点回家整理、复习一天的功课，效果会更好。"

听了大李的建议，无论是楠楠还是楠楠妈妈，都表现得非常不安。

楠楠妈妈说道："其实我也不想让楠楠太累了，可总是担心如果不去辅导班，楠楠就不能保持目前的成绩了，其他同学都在上辅导班啊！"

看到母女俩满脸的担心，大李问道："一味地增加坐在课桌前听课的时间，真的能提高学习成绩吗？"

母女俩面面相觑，谁都没有说话。大李建议她们做个尝试——暂停辅导班，以两个月为限。

此后的两个月，楠楠暂时不去任何课外辅导班，转而用适合自己的学习方法和有效的时间管理计划为自己不断充电。

课堂上不再打瞌睡的楠楠，在一次大考中成绩显著提高，楠楠妈妈也因此将悬着的心放下了。

> ### 💡 大李有话说
>
> 面对高考的压力，高中生（尤其是高三的学生）在学校上完课之后再去辅导班学习已是一种非常普遍的现象了。然而，无论是学生还是家长，虽然确保了坐在课桌前的时间，却忽略了一个常识性的问题：如果无法让头脑保持清醒，那么在学校课堂上就无法集中精力，进而会影响学习效率和质量。
>
> 其实，学习是一件幸福的事情。很多人都认为，只有学习成绩好才会让人产生幸福感，但真相是，当学生精力充沛、对自己的学习有掌控感的时候，就会意识到学习过程本身就是一种幸福，他的学习成绩自然就能提高。

在我们指导的学生中，和楠楠妈妈一样因担心孩子学习成绩落后于别人，从而一味地延长孩子的学习时间的家长不在少数，但这其实会让孩子对学习逐渐失去兴趣，甚至会让亲子关系不断恶化。

时间对每个学生来说都是等量的。如果没有合理安排时间，时间就会白白溜走。学生是学习的主体，应在自主学习指导师的协助下，根据自己目前的状况，通过有效地管理时间、制订学习计划来提高学习效率。

家长一定要注意，与课后以灌输为主的辅导班服务相比，孩子更需要独自规划自己学习的时间以及实施规划的时间。只有这样，他们才能有效地巩固在学校里学习的内容。千万不要忽略自主学习时间的重要性！

在为实现梦想而努力的过程中，科学地管理时间与有一个好心态同等重要。志向远大的人，其时间管理方式往往是科学而高效的。同样，成绩好与成绩差的学生的区别之一就是，能否科学地管理时间。越是成绩好的学生，越能有效地安排时间，而长期这样坚持下去，就会以优异的成绩体现出来。

成功学中有这样的一种主张：不要请清闲的人办事情，而要请忙碌的人帮忙。为什么会这么说呢？在常人看来，清闲的人有很多闲暇时间，可以做好你所托付的事情，但事实并非如此。清闲的人因为习惯于清闲，所以常常无法应付新的事情；而比较忙碌的人则因为珍惜自己的时间，即便被请求办其他的事情，他也可以利用自己的空隙时间完成好。因此，有效利用时间不仅有利于学习，还有助于养成良好的习惯。

时间犹如遍布周身的血液，由于习以为常而常被人们忽视。如果有人向你借钱，你可能会犹豫，担心他不还；如果有人向你借时间，你也许就不会有那么多的顾虑了。你是不是觉得"借时间"听起来有点奇怪？其实，它很常见：和朋友一起去唱歌、泡网吧；等人用了30分钟甚至一个小时；和朋友漫无边际、海阔天空地聊天，可能到最后都不知道聊了些什么……我们曾问过很多学生，遇到这种情况会有怎样的心情，他们的回答多是"很无聊""下次就不跟他见面了"等，很少有学生回答"满意"或"感觉很好"。即便如此，还是会有很多学生重复犯这种错误，这着实令人着急。

如何改善这种情况？为了有效地管理时间，首先要了解自己的时间都花在哪儿了。大李建议学生坚持写学习日记，即记录自己每天的时间

（包括学习、玩耍、休息等）使用情况。这样一来，学生也可以清楚地了解自己学习成绩不理想的原因。

在时间管理方面，制订计划固然很重要。然而，许多孩子之所以无法有效地制订时间计划，是因为不清楚该如何安排自己的时间。如果是让孩子借助学习日记自己记录时间的使用情况，他就能了解自己有哪些时间是被合理利用的，又有哪些时间是被浪费了的。如果孩子无法坚持写日记，就可以由家长或自主学习指导师来监督，大概一个月左右，孩子就会出现显著变化。

绝大部分的高中生都要经历高考。在同等的时间里谁能最快、最为系统地归纳、总结、记忆是高考取胜的关键，因此在有限的时间内更快地存储更多信息的学习方法和时间安排成为重中之重。

高考临近时，学生应尽量将平时的自由时间转移到备考上。每个学生都希望自己能取得好成绩，但甘愿为学习付出大量时间的学生并不多。

韩国有位资深的自主学习指导师，曾对1000多名大学生在高中三年的放学后的平均累计学习时间进行了调查，发现首尔大学的学生达到了9800小时，高丽大学和延世大学的学生达到了8025小时，像汉阳大学、成均馆大学等第三梯队的学生达到了6250小时，其他一般大学的学生达到了4475小时。[1]

由此可见，越是考入名校的学生，他们之前学习的时间越长，付出的努力和代价越多，这是他们成功的最重要的秘密。要想取得好成绩，要想上名校，首先就得确保足够的学习时间，尤其是自主学习的时间。

---

[1] 首尔大学相当于中国的北京大学、清华大学；高丽大学、延世大学相当于中国的"985"大学；而汉阳大学、成均馆大学相当于中国的"211"大学。

> ## 💡 大李有话说
>
> 你的孩子放学后是如何度过的？是在电脑前或者拿着手机玩游戏，还是在户外或娱乐场所玩耍，抑或是坐在书桌前？
>
> 时间对每个人来说都是等量的，但是由于管理方式的不同，时间所发挥的效果也不同。从小学开始，家长就要培养孩子科学、有效地管理自主学习的时间。
>
> 人若能在回首往事时不因虚度年华而悔恨，更不因碌碌无为而羞愧，那便是一种收获。

题海战术可取吗

不少学生在每天完成作业后，还需要刷大量的题。可是，题海战术真的可取吗？我们来看看艺恩的案例。

✏️ 案例

艺恩，女生，小学五年级。

艺恩是个开朗活泼的孩子，但在妈妈看来，"活泼"等同于"贪玩"，艺恩不爱去辅导班，放学之后就去找同学玩。妈妈担心，照这样下去，初中怎么可能学习好？

苦恼的艺恩妈妈带着艺恩第一次来咨询时，艺恩的眼中充满戒备。她嘀咕着："这里不是辅导班吧？"

大李见状，安慰道："艺恩，你是不是在担心和老师一起学习啊？

别担心,你来这里不是来和老师一起学习的,而是一起来寻找你的梦想,也为即将升入六年级做一些准备。"

艺恩听后似乎放心了。随后,她顺利地完成了能力检查和问卷调查。

由于已经和艺恩说过不是来学习的,因此大李拿出一些读物和艺恩一起读、一起交流,并在此期间也和艺恩妈妈了解了一些情况。

几天后,大李去艺恩家进行回访。

一进门,就发现艺恩家里的气氛非常紧张。原来,艺恩的数学考试只得了 50 分,全班倒数第一。妈妈坚决让艺恩去辅导班,艺恩哭着说坚决不去。面对这样的情形,大李对艺恩妈妈说:"咱们先看看她的数学试卷,分析一下问题的根源吧。至于去不去辅导班,一会儿再做决定也不晚。"

艺恩妈妈拿来了卷子,指着上面的一道题,生气地说:"您看这道题,'奇数 × 奇数 = ?',连这种基础题都答错了!哎,我都担心,像她这样的水平,就算是去辅导班都会跟不上!"

"平时艺恩是怎么学习数学的?"

"我给她买了三本数学习题集,每天每本都做一些,而且做的内容比学校进度稍稍提前一些。"

"您觉得,以目前艺恩的实力来看,她能做到吗?"

"我想,既然不去辅导班,那不得多做点吗?她班里还有的孩子的进度比学校早一年呢!我们都不算早的。"

"其实,早并不是坏事,对于学习能力强的孩子来说是很有必要的。不过,您也看到了,艺恩现在连这些基础问题都没弄懂,做再多的习题有什么意义呢?去辅导班能解决她的问题吗?"

艺恩妈妈满脸愁容地问:"那现在该怎么办呢?是不是要放弃数学?"

"不要着急说放弃,不妨先把艺恩每天做的习题集从三本减到一本吧。"

艺恩妈妈连忙摇头,说:"啊?和她的同学相比,她做三本已经不算多了,她现在的成绩都这样了,减到一本怎么行呢?"

"请您相信我,减少刷题数量,她的成绩自然会上去。"

"真能那样吗?"

"是的,只要跟着学校进度做,慢慢就会好起来的。"

艺恩妈妈同意了,打算试试。稍后,大李与艺恩沟通。

"艺恩,听妈妈说你每天都要做三本习题集,是吗?真够累的。从现在开始,每天不需要再做那么多了,只要配合课堂的进度做一本就行了。不过,一定要认真做!"

"好的,我知道了。"艺恩有气无力地回答。

"艺恩,老师很想知道一点,你妈妈说你每天做的习题集,进度都比课堂所学的要超前,你是怎么做的呢?"

"嗯……老师,你一定要给我保密啊!其实,我都是照着答案抄的,因为要是不做,妈妈就一定会说我,可是我又不会做,我真是没办法啊!"

"好,知道了。我会为你保密的。今天就来做几道题试试,如何?看看你对今天所学的内容掌握得怎么样。"

从那以后,艺恩每天都配合着课堂的进度做题。随着学习的深入,艺恩的精力也变得集中起来。一个月以后的期中考试,艺恩的数学成绩显著提高了。

对于成绩不理想的孩子,如果给他安排过多的学习量,孩子就容易放